교사를 위한 AI 툴

AI문고

인공지능 시대입니다. 기계가 인간의 인지를 대신하고, 사물이 인간을 통하지 않고 다른 사물과 직접 커뮤니케이션합니다. 이에 따른 인간 삶과 문명 변화를 정확히 이해·예측·대응하는 것은 이 시대 우리 모두의 과제입니다. AI문고는 인공지능 기술과 환경의 여러 주제를 10가지 키워드로 정리합니다. 관련 개념과 이론, 학계와 산업계의 쟁점, 우리 일상의 변화를 다룹니다. 인간과 기술의 현재, 미래를 세심히 분석합니다.

일러두기

- 인명, 작품명, 저서명, 개념어 등은 한글과 함께 괄호 안에 해당 국가의 원어를 병기했습니다.
- 외래어 표기는 현행 어문규정의 외래어표기법을 따랐습니다. 다만 '딥러닝', '딥마인드', '타이타닉호', '팔로워', '파이썬' 등은 관행을 따랐습니다.

처음이세요?

전문가세요?

교사를 위한 AI 툴

임태형

대한민국, 서울, 커뮤니케이션북스, 2025

교사를 위한 AI 툴

지은이 임태형
펴낸이 박영률

초판 1쇄 펴낸날 2025년 5월 16일

커뮤니케이션북스(주)
출판 등록 2007년 8월 17일 제313-2007-000166호
02880 서울시 성북구 성북로 5-11
전화(02) 7474 001, 팩스(02) 736 5047
commbooks@commbooks.com
www.commbooks.com

ISBN 979-11-430-0054-5 03500

책값은 뒤표지에 표시되어 있습니다.

차례

교사와 AI

'교사는 AI에 대해 반드시 알아야 하는가?'라는 질문은 2020년쯤에 본격적으로 등장했다. 2020년 여름, 교육부가 전국 38개 교육 대학원에 현직 교사의 AI 역량 강화를 위해 'AI융합교육전공'을 설치했다. 3년의 석사 과정이었고, 당시 전국 1천 명의 교사가 첫 기수로 입학하였다.

문제는 교육 대학원마다 교수진과 커리큘럼 특성이 다양한 것이었다. 당시 나는 지역 거점 국립 대학의 교육 대학원에서 'AI융합교육전공' 커리큘럼 중 교육학 부문 교과목들을 담당했다. 수강생이셨던 선생님들의 교과 전공은 매우 다양했고, 대학원의 전공 교육 과정에 대한 불만이 엄청났다. "전 국어 교사고 AI와 수업을 융합하는 방법을 배우러 온 것인데, 왜 선형 대수와 파이썬(Python)을 무조건 배워야 하는지 모르겠어요. 제가 잘못 온 것일까요?"라고 하신 선생님의 말씀이 아직도 선명히 기억난다.

2025년 현재, '교사는 AI에 대해 반드시 알아야 하는가?'라는 같은 질문을 던진다면, 아마 교사 대부분은 이제 “당연히 알아야죠. 세상이 바뀌었잖아요”라고 말할 것이다. 만 5년을 거치며 AI는 우리의 삶을, 그리고 우리의 교육 현장을, 우리 교사들의 인식을 송두리째 바꾸어 놓은 것 같다. 그리고 그 기간에 일어난 거대한 변화를 교원 양성 기관에서 예비 교사를 가르치고, 현직 교사를 재교육하고, 교육부의 관련 사업에 참여하면서 경험해 왔다. 변화의 핵심이 과연 대체 무엇일까?

AI가 나의 업무를 대신할 거야

‘AI will take my job’은 중의적 표현이다. ‘AI에게 내 일을 뺏기다’ 혹은 ‘AI가 내 일을 (대신) 가져가 주다’로 해석할 수 있겠다. 2020년 초반 교사 집단에서 AI와 관련된 주요 담론은 ‘AI는 교사를 도울 것인가? 대체할 것인가?’였다. 만 5년이 지난 지금 판단해 보면 둘 다 맞는 말이다. 교사 업무와 수업을 도와주는 매우 강력한 도구이기도 하면서 교사의 역할을 일부 대체해 주기도 한다. 그렇다고 해서 교사가 할 일이 줄어든 것은 아니며 오히려 더 많아지기도 했다.

수많은 교사가 AI를 이제 적극적으로 활용하여 많은 교사 업무와 수업에 도움을 받는 것은 사실이다. 그러나 일각에선 여전히 새로운 기술을 두려워하는 교사들도 보인다. 최근 몇 년 사이에 많은 교사가 AI 기술을 적극적으로 받아들이고 변화해 오고 있으나, 사실 급격한 발전 속도를 제대로 따라가기는 매우 어렵다. 누군가는 얼리 어답터처럼 최신 AI 기술들을 꾸준히 습득하는가 하면, 누군가는 주어진 연수라도 잘 따라가 보자 하는 수준도 있을 것이다. 다른 누군가는 거의 포기했을 수도 있다. 이 글을 읽고 계시는 선생님께서는 어느 상황에 해당하시는지 묻고 싶기도 하다. '격차의 시대'는 꽤 진행되고 있다.

교육과 기술의 경주

2007년 전미경제연구소(NBER, National Bureau of Economic Research)에서 "교육과 기술의 경주(The Race between Education and Technology)"라는 제목의 보고서가 발간된다. 하버드대학교 경제학과 교수들인 클로디아 골딘(Claudia Goldin)과 로렌스 캐츠(Lawrence Katz)는 1890년부터 2005년까지의 교육 수준별 임금 격차에 대해서 이야기한다. 쉽게 이야기하면, '더 많이 배운 사람'과 '덜 배운 사람' 사이의 임금 차이가 어떻게 변했는지를 시간의 흐름에 따라 설명하고 있다.

사회는 기술이 계속 발전함에 따라 높은 수준의 지식

과 기술을 가진 인재를 필요로 한다. 그런데, 학교 교육이 이 변화에 얼마나 빨리 대응하여 인력을 길러냈느냐에 따라 임금 격차는 줄었다가, 다시 벌어지기도 한다. 20세기 초에는 격차가 컸었다. 고등학교를 나온 사람도 많지 않았으며 대학 나온 사람은 희귀하던 시절이다. 1910년대부터 '하이스쿨 운동(High school movement)'으로 고등학교가 빠르게 보급되었고, 대학 진학률도 상승한다. 배운 사람이 많아지니 기업들도 인재를 구하기 쉬웠다. 이렇게, 1915년부터 1980년까지 교육 수준에 따른 임금 격차는 많이 줄어들게 되었다.

그러나 1980년대에 상황이 바뀐다. 컴퓨터와 정보기술이 확산되면서 회사들은 새로운 지식을 갖춘 인재를 필요로 하게 되고, 이들에게 더 높은 임금을 지급했다. 그러나 문제는 대학을 나온 사람의 증가 속도가 사회의 수요를 따라가지 못했다. 공급이 늦고, 수요가 커지니, 대학 학위의 임금 프리미엄은 매우 가파르게 증가했다. 2005년의 대학 프리미엄은 매우 급격히 올라가 있던 것이었다.

그들은 이러한 교육과 기술의 경주 역사는 반복된다고 강조한다. 지금은 기술 변화가 매우 가파른 구간이며, 학교에서는 새로운 지식과 역량을 갖춘 인재를 사회에

공급해야 하는 상황에 놓여있다. 그러나 현재 교육은 기대만큼 기민하게 대응하지 못하고 있다. 이러한 상황이 지속할수록 교육에 따른 임금 격차는 계속 커지게 되고 이는 사회의 불평등을 가속할 것이라고 경고하고 있다.

1985년생인 내가 그동안 경험해 온 컴퓨터, 인터넷, 스마트폰, 빅데이터, AI와 같은 기술의 발전 속도는 컴퓨터~AI로 이어지는 약 30년의 발전 속도보다, 최근 3년의 발전 속도가 더 빠르게 느껴진다. 특히 생성형 AI 시대가 찾아오고 나서 사회는 급격히 변하고 있음이 느껴진다. 생성형 AI 시대가 열린 2022년 말, 고작 2년 반이 지났는데 세상은 너무 많이 변해있는 것 같다. 우리 교육은 잘 따라가고 있을까? 우리 교육은 사회에서 필요로 하는 인재를 잘 길러내어 공급하고 있는 것일까?

교육은 현재 위기다. 세상은 너무 빨리 변하고, 학교 교육은 변화의 폭풍 한가운데에 있는 듯 느껴진다. 이 위기 상황에 교사는 너무나 많은 것을 짊어지고 있다. 특히 AI와 관련된 교육 전문성을 갖추기를 기대하며, 매년 수십 시간의 연수 이수를 요구받는다. 전국 약 50만 명의 현직 교사들은 이러한 압박 속에서 매일을 살아가고 있다. 또한, 전국 예비 교사들도 그러한 전문성을 기르고 현장에 나오기를 기대받고 있다. 나는 그들을 책임져야 하는 자리에 있다.

이 책의 목적 및 구성

이 책은 대한민국 교사라면 누구나 쉽게 읽을 수 있게 쓰고자 했다. 현직 교사뿐만 아니라, 전국 교육 대학이나 사범 대학의 예비 교사들에게도 해당한다. 어려운 용어 사용을 최대한 지양하고 쉽게 풀어 썼다. 잠들기 전 침대에서, 멀리 이동하는 기차나 비행기 안에서, 혹은 주말 카페에서 가벼운 마음으로 읽어 주셨으면 하는 마음을 담았다.

이 책에는 저자 본인이 최근 5년간 예비 교사와 현직 교사를 대상으로 강의한 많은 내용이 포함되어 있다. '교육학자'의 시각에서, 더 정확하게는 '교육공학 전문가'의 시각에서 바라본 AI와 교육의 만남에 관한 이야기가 담겨 있다. 현재 초 · 중등 교사라면 반드시 알아야 할 필수 내용을 압축적이면서 재미있게 풀어 쓰려고 했다.

이 책은 전반부와 후반부로 구분된다. 먼저 전반부에서는 AI와 교육이 왜 만날 수밖에 없었는지 그 배경에 대해 여러모로 살펴본다. 1장은 우리 삶의 변화에 대해 상기해 보는 시간이다. 최근 일어난 변화와 이러한 변화가 가져올 교육 격차에 대해 생각해 보고자 했다. 2장은 학생의 변화에 대해서 다룬다. 디지털 네이티브의 등장이 가져온 교육 현장의 혼란을 되짚어 보고, 알파 세대를 맞이한 현재에 대해 생각해 본다. 3장은 AI와 디지털 기술의 발전사가 요약되어 있다. 왜 우리가 AI 시대를 맞이할 수밖에 없었는지, 무려 100년의 이야기를 담아 보았다. 4장은 AI 시대에 AI와 교육이 만나는 다양한 모습들을 구분하여 담았다. 다양한 용어에 대한 이해를 도우려고 했다. 5장은 AI 디지털 교과서에 대한 이해를 돕고자 기저 기술인 학습 분석학에 대해서 다루었다.

이어 후반부에는 다양한 도구들이 소개된다. 그리고 각 장에 저자의 활용 경험을 함께 풀어냈다. 6장은 AI 이해 교육에서 쓰이는 대표적인 사이트들을 소개한다. 7장은 AI 이미지 및 동영상 모델들을 두루 소개한다. 8장은 수업 준비와 개발을 위해 쓸 수 있는 다양한 AI 서비스 사이트들이 안내되어 있다. 9장은 업무 효율화를 위해 엑셀(Excel)과 AI의 연동 방법에 대해 안내한다. 10장은 우리가 가장 일반적으로 쓰는 '챗GPT(ChatGPT)'의 다양한 기능을 설명하고, 윤리적 문제를 생각해 보고자 구성하였다.

이 책 한 권의 분량으로는 부족하겠지만, 최대한 많은 내용을 쉽게 풀어내어 꾹꾹 눌러 담았다. 그리고 대한민국 교육을 지탱하고 계시는 교사분들께 무한한 존경과 감사의 마음을 담아 현재의 문제를 함께 나누고자 이 책을 집필하였다. 여러 교사 연수 현장에서 직접 뵙고 생각을 나눌 수 있기를 바라며.

01
AI 시대, 우리 삶의 변화

AI로 만들어진 콘텐츠가 무분별하게 이곳저곳에 출현하고 있다. 블로그나 SNS 게시글 작성은 거의 AI로 자동화된 상태다. AI를 활용하여 무차별적으로 생산된 자극적인 영상들은 인터넷 커뮤니티와 소셜 미디어를 통해 우리의 눈앞에 보인다. 심지어 아이들이 보고 있는 스마트폰에도 필터링 없이 나타나고 있다. 불과 3년 만에 우리 일상에 녹아든 변화들이다. 이제는 막을 수 있는 것도 아니다. 세상이 변했는데, 우리 교육은 어디로 가고 있을까?

AI와 1인 창업?

2022년 11월, 세상은 변했다

2022년 11월 말은 오픈AI(OpenAI)의 챗GPT(ChatGPT)가 GPT-3.5 모델을 기반으로 상용화 서비스를 시작한 때다. 이미지 AI 모델인 스테이블 디퓨전(Stable Diffusion)이 오픈 소스로 풀리며 전 세계로 빠르게 퍼져 나가던 때도 그쯤이었던 것으로 기억한다. 당시 이 거대한 두 기술을 누구보다도 빠르게 체험했던 나는, 새벽에 경험한 그 큰 충격을 아직도 잊지 못한다. 그 기술들을 밤새도록 경험하며 새벽녘에 서재에서 혼잣말로 중얼거렸다. “미쳤다, 이거. 진짜 큰일 나겠다.”

챗GPT는 출시되자마자 세상을 바꿔 버렸다. 그 겨울이 끝나고 2023년 1학기 시작 직전이었던 2023년 2월, 대학가에는 비상이 걸렸다. 당시 근무하던 대학의 총장님이 교수님들에게 공개 메시지를 보내셨다. 학생들이 과제 수행 시 챗GPT로 표절할 것이 뻔히 보이니, 표절 문제에 엄격히 대응하라는 메시지였다. 당시 내가 리더를 맡았던 스터디 그룹의 멤버들은 집에 가지 않고 새벽까지 챗GPT에게 온갖 것들을 시켜 보았다. 다들 표정이 어두워졌다. “이거 어떻게 막아? 막을 수나 있을까?”

스테이블 디퓨전의 공포

스테이블 디퓨전 모델은 2022년 하반기에 오픈 소스로 공개되었다. 텍스트 입력으로 이미지를 생성할 수 있는 (text-to-image) AI 모델은, 당시 상용화되어 있던 오픈 AI의 달리(DALL · E) 모델이 대표적이었다. 그러나 달리와 같은 상용화 모델은 완전 무료도 아니고, 윤리적인 문제로 인해 생성 범위에 제약이 있었다. 그러나 오픈 소스로 풀려 버린 스테이블 디퓨전은 누구의 감시도 받지 않는 나의 컴퓨터에 설치할 수 있는 형태였다. 즉, 전 세계 사람들이 방구석에서 아무도 몰래 자신이 그리고 싶은 것을 마음껏 그릴 수 있는 시대를 맞이한 것이다.

나도 2022년 겨울 어느 날 밤 스테이블 디퓨전을 발견했다. 내 컴퓨터에 설치하는 것은 어렵지 않았다. 좋은 그래픽 카드도 가지고 있었고, 자신 있게 성능 테스트를 해 보자는 마음으로 설치를 했다. 머릿속에 있던 다양한 이미지들을 텍스트로 적어 보았다. 생성된 콘텐츠 결과는 가히 충격적이었다. 수백 장을 생성하다 보니 아침이 밝았다. 그날 아침 스터디 모임에 나가서 상기된 목소리로 말했다. "나 밤새우고 왔는데, 지난밤에 엄청난 걸 발견했어. 큰일 날 것 같아."

SNS에 보이는 가짜 사람들

2023년 봄, 인스타그램(Instagram)을 보다가 매우 아름다운 여성분을 발견했다. 한복을 입고 있는 단아한 여성이었다. 무의식적으로 더블 탭 하트도 보냈다. 그 사진에는 많은 외모 칭찬 댓글이 달려 있었다. '어디에 사는 누구시길래 이리도 이쁘실까?' 궁금하여 프로필을 눌러봤다. 프로필에는 '#stable diffusion'이라는 해시태그가 달려 있었다. 부끄러웠다. 실제 인간도 아닌 AI가 만들어 낸 그래픽 따위에 순간 호감을 품었으니 말이다. 다른 사람들은 그 여성이 실제로 어딘가에 존재하는 사람인 줄 알고 댓글을 달고 있었다.

이러한 가상의 인물들은 소셜 네트워크 안에 무수히 많이 존재하고 있었다. 심지어 수많은 블로거가 실제 사람이 아닌, 자동화된 AI 시스템이라는 것을 뒤늦게 알아차렸을 때는 적잖이 충격을 받았다. 약 2년이 지난 2025년 현재, 그 사실은 더 이상 놀라운 일이 아니다. 최근 ≪스포츠서울≫에서 일본 배구 선수 '마리나'와 '유카'에 대한 기사를 봤다. 매우 아름다우셨다. 알고 보니 이들도 AI로 만들어 낸 가상의 인물들이었다. SNS 팔로워는 무려 17만 명이었다. '어차피 만나지도 못하는 사람들인데 가짜면 어떠하리.'

청소년의 위험한 호기심, AI 음란물

스테이블 디퓨전을 처음 경험했을 때 나의 큰 걱정은 청소년들에게 향했다. 혈기 왕성한 청소년들이 이 기술을 무분별하게 사용한다면 결과는 뻔히 예상되기 때문이었다. 그리고 나의 우려가 현실로 다가오기까지는 불과 몇 달이 걸리지 않았다.

2023년 봄, AI 음란물에 대한 뉴스가 종종 눈에 띄기 시작했다. 어느 중학생이 같은 학급 여학생의 사진을 AI로 합성하여 만든 음란물을 배포했다는 소식이었다. 바로 딥페이크(deepfake) 성범죄인 것이다. 기존의 딥페이크 성범죄는 주로 외국에서만 리포트되던 수준이었는데, 이제 국내에 본격적으로 상륙한 것이었다.

당시에는 이를 법적으로 처벌할 근거가 미흡하였다. 그러다 2023년 9월, AI 음란물과 관련한 국내 최초 징역형 사례가 뉴스에 떴다. 40대 남성이, 10대를 성적으로 묘사한 AI 콘텐츠를 유포한 사건이었다. 정확히 어떤 AI 모델을 사용했는지는 나와 있지 않았지만, 정황상 스테이블 디퓨전을 사용한 것이 확실했다.

AI 음란물과 AI 성범죄에 관련된 뉴스 기사는 점차 그 빈도수가 잦아졌다. 약 1년이 지났을까. 2024년 봄을 지나며 전국적인 이슈로 불거졌다. 온갖 매체에서는 청소년 딥페이크 범죄를 주요 이슈로 다뤘다. 가해자의 70~80%가 10대 청소년이라는 주요 통계였다. 이는 대학가에서도 빠르게 이슈화가 되었다.

"불과 1년 만에 진짜 이렇게 되어 버렸구나"라고 탄식을 했다. 집필을 하는 2025년 2월에도 관련 뉴스를 검색해 보니 여전히 수많은 기사가 존재한다. 가해자 80%가 10대라는 기사들이다. 교사도 피해자가 될 수 있다. 초등학교 졸업 앨범에서 교사 사진도 없앤다고 한다. 씁쓸한 현실이다.

의심, 불안, 그리고 격차의 시대

나는 학생들에게 관련 강의를 할 때, AI가 가져올 세상의 변화를 '의심', '불안', 그리고 '격차'로 나누어 설명한다. 먼저, '의심'의 시대다. 나의 경우, 학생들의 과제물을 평가할 때 이제 무조건 의심하게 되어 버렸다. '챗GPT로 쓰지는 않았을까?'라는 의심을 품고 과제를 평가하는 나를 보게 된다.

글뿐만 아니라 이미지, 음성도 이제는 AI로 실제와 구분되지 않는 퀄리티로 구현된다. 셀카 보정 앱들은 AI로 무장하여 나를 다른 사람을 만들어 준다. 누구나 손쉽게 딥러닝(deep learning)으로 자신의 얼굴과 목소리를 학습시켜 AI 아바타까지도 만들 수 있다. 소셜 미디어의 콘텐츠들은 대부분 AI로 제작한 것들이다. 블로그와 엑스(X, 과거 트위터), 스레드(Threads)에서 볼 수 있는 수많은 계정은 AI로 자동화된 봇(bot)이다. '의심하기는 피곤하니 편하게 다 가짜일 수도 있다고 생각하지 뭐.'라는 생각이 든다.

두 번째, '불안'의 시대다. 우리는 누구나 쉽게, 심지어 무의식적으로 소셜 미디어에 일상을 올린다. 종종 개인 정보가 포함되기도 한다. 예쁘게 나온 얼굴 사진도 올리고, 학교 사진도 올리고, 가족사진도 전체 공개로 올린다. 생각해 보니 내 SNS 계정도 전체 공개이며, 아이들 사진이 올라가기도 한다. 이러한 정보들은 누구나 쉽게 열람하고 수집할 수 있다.

2024년 소셜 미디어 엑스에서 하버드대학교(Harvard University) 학생들이 '@AnhPhuNguyen1'라는 계정을 통해 '아이 엑스레이(I-XRAY)'라는 프로젝트의 데모 영상을 공개했는데 흥미로웠다. 안경에 부착한 소형 카메라로 길거리를 지나다니는 사람 얼굴을 스캔한다. 그러면 AI가 그 얼굴 사진을 기반으로 구글링하여 관련 신상 정보 모두를 스마트폰으로 전송해 준다. 안경 착용자가 그 정보를 빠르게 숙지하고 지나다니는 사람에게 자연스레 아는 체를 하는 내용이었다. 그 영상 마지막엔 경고 메시지가 뜬다. 인터넷에 개인 정보를 공개하지 말라는 것이었다. 나도 이제 내 SNS 계정을 비공개로 돌려야 할지 고민하게 되었다.

세 번째는 '격차'의 시대다. 좁게는 개인 간의 격차, 넓게는 국가 간의 격차가 꽤 벌어지고 있다. 전 세계 AI 패권은 미국이 장악하고 있고, 중국이 이를 따라가는 형국이다. 아쉽게도 우리나라는 AI 후진국에 가깝다. 자본과 인력 면에서 도저히 경쟁이 되지 않기 때문이다. 개인 간의 격차도 2~3년 사이에 꽤 벌어졌다고 체감하고 있다. 그리고 이 속도는 점점 가속화될 것이다.

챗GPT가 출시된 지 만 2년이 훨씬 넘었다. 2년 사이의 발전 속도보다 최근 2개월의 변화가 더 급격하다. 집필 시점인 2025년 2월엔 '딥시크(DeepSeek)', '그록(Grok)-3', 구글(Google)의 '코사이언티스트(Co-scientist)', '클로드 3.7 소네트(Claude 3.7 Sonnet)' 등으로 시끌시끌하다. 2월 한 달 동안 너무나 많은 뉴스가 쏟아지고 있다. 따라가기 너무 벅차다. 하루라도 뉴스 기사를 보지 않으면 이 속도를 따라잡지 못한다는 포모(FOMO) 증후군도 찾아오고 있다. 2025년 3월에는 GPT-4.5와 제미나이2.5(Gemini 2.5)가 발표되는 등, 점차 발전 속도도 빨라지고 있다. 올

하반기에는 추론 모델이 통합된 GPT-5가 출시 예정이다. GPT-5는 인간 수준을 뛰어넘을 것이라고 예상되기도 한다.

개인 간의 격차 비교는 무의미해질 것 같다. "내가 너보다 AI 잘 써"라는 비교가 의미가 있을까? '나는 어떤 부분에서 AI보다 나을까?'라는 것을 진지하게 생각할 때다.

디지털 격차, AI 격차, 교육 격차

'디지털 격차(digital divide)'라는 용어는 1990년대 ICT 기술이 대부분의 선진국에서 대중화되었을 때, 선진국과 제3세계의 비교 맥락에서 등장했다. 기술에 대한 접근성 차이로 격차가 발생하고, 이는 곧 교육 격차로 이어짐을 의미한다. 유네스코(UNESCO)와 같은 국제기구는 수십 년 동안 국제 교육 격차 완화를 위해 노력해 왔다.

이제는 AI 격차 시대다. 심지어 그 속도는 예상보다 빠르다. 선진국끼리도 AI 격차가 벌어지고 있다. 개인으로 좁혀 보면, AI 활용 역량 격차는 최근에 더 벌어지고 있다고 느껴진다. 최근 몇 년 동안 교육계가 필사적으로 교사 역량 강화에 집중하고 있으나, 과연 이 속도를 따라갈 수 있을까 하는 걱정이 들 정도로 그 속도가 너무 빠르다.

게다가 너무 비싸다. AI 서비스 대부분의 비즈니스 모델은 치사하리만큼 계획적이다. 무료로는 맛보기만 시켜 주고, 유료 요금제는 월 3만 원대부터다. 심지어 기능을 맘껏 사용할 수 있는 챗GPT 프로 요금제는 월 30만 원 정도다. 교사나 학생에게 결코 적은 부담이 아니다.

이미 다른 서비스들로도 월 구독료가 수만 원씩 빠져나가고 있다. '디지털 월세'로만 월 몇십만 원을 내고 있지만 불안해서 중단하지도 못한다. 월 3만 원을 낼 수 있는 여력을 지닌 학생과 그렇지 못한 학생의 격차는 얼마나 커질까? 교육계의 한정된 예산은 어디에 사용되어야 할까? 지금 투자하지 않으면 어떻게 될까? 우리 아이들, 아니 더 나아가 우리나라의 미래 세대가 글로벌 경쟁에서 한참 뒤처져 버리는 것은 아닐까?

참고문헌

나웅기(2024.7.4). "SNS에 나도 모르는 사진이…" 학교 발칵 뒤집은 딥페이크. ≪부산일보≫, https://www.busan.com/view/busan/view.php?code=2024070418374805291

소봄이(2025.2.20). 교사 사진 없는 초등 졸업 앨범? … 딥페이크 우려에 '엄벌' 문구도 씁쓸. ≪뉴스1≫, https://www.news1.kr/society/general-society/5695340

안준영(2023.9.25). AI로 아동 성 착취물 만든 40대 징역형… 국내 첫 사례. ≪부산일보≫, https://www.busan.com/view/busan/view.php?code=2023092416354773109

원성윤(2025.2.17). 日 배구 선수 마리나×유카의 싱그러운 투 샷, 알고 보니[★SNS]. ≪스포츠서울≫, https://www.sportsseoul.com/news/read/1495476

02
디지털 네이티브와 알파 세대

나는 밀레니얼 세대를 대표한다. 나의 부모님은 베이비 부머 세대다. 선배 교수님들은 X 세대다. 학교에서 만나는 예비 교사들은 Z 세대다. 같이 게임을 하는 조카들은 알파 세대다. 베이비 부머 세대부터 알파 세대로 이어지는 현재 세대 계층의 정확히 중간을 담당하고 있다. 위로는 베이비 부머, 아래로는 알파 세대와 소통하며 중간 세대인 내가 경험한 것들을 공유하고자 한다.

AI와 MBTI?

세기말과 밀레니얼을 경험한 어린아이

1985년생 소띠인 나는 1992년에 전라남도 시골의 초등학교를 입학했다. 당시는 '국민학교'였다. 한 반에 50명 정도였고, 낡은 교실에는 나무 책걸상과 분필 칠판이 있었다. 선생님은 당번에게 자료실에 가서 '괘도'라는 것을 매 수업 가져오라고 했다. 무거워서 낑낑댔던 기억이 어렴풋하다.

같은 반에 부잣집 친구 두 명이 있었다. 하나는 사과 과수원 집 아들이고, 다른 하나는 주유소 집 아들이었다. 3학년 때였을까. 그 친구들이 집에 컴퓨터라는 기계를 샀다고 했다. 친구 집에 놀러 가서 여러 도스(DOS) 게임들을 했다. 〈고인돌〉, 〈황금 도끼〉, 〈페르시아 왕자〉 등 고전 게임들이었다.

4학년이 되었을 때, 다른 친구들도 486, 586 펜티엄과 같은 컴퓨터를 하나씩 사기 시작했다. 어느 날 집에 갔더니 우리 집에도 윈도 95가 깔린 586 펜티엄이 있었다. 아버지가 빚을 내서 사셨을 것이다. 친구들과 동네 컴퓨터 학원에 다니기 시작했다. 학원에서는 한컴 타자 연습, 아래아 한글 등을 배웠고, 집에서는 컴퓨터 게임을 밤새 미친 듯이 했다.

너 컴퓨터 400타야? 정보부장 해!

초등학교 6학년 때는 오에이치피(OHP, 오버헤드 투사기)를 썼는데, 중학교에 올라가니 교실에 TV와 실물 화상기가 있었다. 게다가 교탁 PC도 있었다. 선생님들은 쓸 일이 없었다. 나는 친구들과 교탁 컴퓨터로 쉬는 시간마다 몰래 〈포트리스2〉를 했다.

중학교 때의 일이다. 담임 선생님이 "너희들 중 집에 컴퓨터 있는 사람 다 손들어 봐"라고 하시자 절반 이상 정도가 손을 들었다. "타자 300타 넘는 사람만 손들어"라고 하시자 나를 포함해 열댓 명만 남았다. "그러면 타자 400타 넘는 사람?"이라고 하시자 나만 남았다. "오, 태형이. 400타 넘어? 그럼 네가 정보부장 해라." 반장은 못 되고 정보부장이 된 내가 하는 일은 컴퓨터를 켜고 끄는 것이었다.

2001년, 디지털 네이티브의 등장

앞서 소개한 필자의 경험은 대략 1995~2000년쯤의 이야기다. 컴퓨터와 인터넷이 매우 빠르게 대중화되었던 때다. 우리나라는 김영삼 정부 때부터 전 국토에 인터넷망을 설치하는 국가사업이 시행되었다. 그리고 외환 위기와 김대중 정부를 지나면서 'IT 강국'으로 발돋움했다.

모든 교실에 인터넷이 되는 컴퓨터가 들어왔다. 그리고 전국 어디에서나 초고속 인터넷이 가능하게 되었다.

교실에는 나와 같이 타자 300~400타를 기본으로 치는 아이들로 가득했다. 선생님보다 컴퓨터도 훨씬 잘했다. 미국의 미래 교육학자 마크 프렌스키(Marc Prensky)는 2001년 그의 논문 "디지털 원주민, 디지털 이민자(Digital Natives, Digital Immigrants)"에서 이 세대를 자세히 묘사했다. 새로운 세대의 출현이었다. 세기말과 새천년을 경험한 세대라고 하여 밀레니얼(M) 세대라고 칭했다.

Z 세대의 등장

알파벳 순서대로라면 X 세대 이후는 Y 세대가 되어야 하지만, 새천년의 상징 때문에 Y 세대 대신 밀레니얼(M) 세대로 칭한다. 그다음 세대인 Z 세대는 이전 세대인 M 세대와 약 15년의 격차가 있다. Z 세대는 보통 1997~2010년 출생자를 이른다.

1997년 이후 출생자는 외환 위기를 경험하지 않았다. 그리고 태어났을 때부터 컴퓨터와 인터넷이 이미 대중화되어 있었다. 1997년에 태어난, Z 세대의 초반에 해당하는 아이들은 중학교에 들어갔을 때쯤 스마트폰을 경험했다. 그리고 2002년 한일 월드컵을 거의 경험하지 않았을 것이다. 나는 고등학교 2학년 때 길거리 응원에 나가서 대학생 누나들과 함께 우리나라를 응원했다. Z 세대는 이 경험을 하지 못했다.

M과 Z는 다르다

'디지털 네이티브'라는 용어는 대략 MZ 세대를 함께 아우른다. 그러나 두 세대를 합쳐 버리면 스펙트럼이 너무 넓어진다. 전기 M 세대와 후기 Z 세대는 사실 부모-자식 간의 나이 차이에 해당하니 말이다. 전기 M 세대에 해당하는 필자는 Z 세대와는 확실히 구분됨을 느낀다. 그들은 나를 '꼰대'쯤으로 여길 것이 확실하니까 말이다.

혹자는 M 세대와 Z 세대를 다음과 같이 구분하기도 한다. IMF의 경험 여부, TV냐 유튜브(Youtube)냐, 2002 월드컵의 경험 여부 등으로 말이다. 대략 공감이 간다. 더불어 Z 세대를 '공동체'보다는 '개인'을 중시하는 세대로 많이들 평가하는 것 같다.

Z 세대가 학생으로 교실에 들어왔을 때, 교사 집단의 다수는 X 세대와 은퇴 시기를 맞이하고 있던 베이비 부머 세대였다. 그리고 일부 젊은 M 세대의 교사가 있었을 것이다. Z 세대가 확실히 기존과 다른 세대라는 것을 사

회도 인지했다. 오죽하면 『90년생이 온다』라는 책까지 나올 정도였겠는가.

학생 특성이 변화하니, 학교도 많은 애를 먹었다. 대학의 교수들도 마찬가지였다. Z 세대 대학생들을 대하는 것이 너무 힘들었다. 오죽하면 대학 교수법 특강 주제로 'Z 세대와의 공감과 소통 전략'이 인기가 있었겠는가.

코로나 팬데믹과 후기 Z 세대의 등장

Z 세대는 전기와 후기로 구분할 수 있다. 1997~2000년대생을 전기로, 2001~2010년생을 후기로 구분한다. 그 기준점은 2020년 코로나 팬데믹 때 대학교 1학년 입학자다.

코로나 팬데믹을 기준으로 대학 문화도 완전히 바뀌었다. 대학 선후배가 학교 다닐 때 본 적이 없으니 서로 존댓말을 쓰는 경우도 많다. 2022년 1학기, 코로나 팬데믹 이후 첫 대면 수업이었다. 1, 2, 3학년이 함께 있는 전공 수업이었는데, 다들 서로 직접 본 적이 없다고 했다. 여러 학년을 같은 조로 묶어서 조별 활동을 시켰다. 서로 존댓말 쓰며 어색하게 활동하는 모습이었다.

전기 Z 세대 때 유행하던 키워드는 '욜로(YOLO, You Only Live Once)' 문화였다. 그러나 후기 Z 세대 때는 '갓

생(God-生)' 문화가 유행했다. 미라클 모닝을 실천하며 부지런히 각자도생하려는 대학생들을 많이 마주했다.

알파 세대를 대표하는 조카의 생활

알파 세대는 2011년부터다. 2025년도에 중학교 2학년인 아이들이다. 첫째 처조카가 그 나이이다. 게임을 좋아하는 사춘기 남학생의 전형이다. 세 살 때부터 봐 왔다. 이름은 '선재'다.

M 세대 부모를 뒀으니 어려서부터 스마트폰을 끼고 살았다. 어린이집에 다니던 나이였을 때부터 스마트폰으로 게임을 곧잘 했다. 선재가 유치원을 다니던 시절, 〈배틀그라운드〉라는 게임이 전국적으로 인기였다. 모바일 버전이 있었는데, 유치원생이었던 선재가 핸드폰으로 모바일 〈배틀그라운드〉를 하면서 친구들과 음성 채팅을 하던 모습이 떠오른다.

초등학교 3학년 때 선재에게 컴퓨터를 사 줘 봤다. 타자 연습부터 하라고 했다. 나중에 들어 보니, 컴퓨터에는 별로 흥미 없어 하고 여전히 핸드폰으로만 뭔가를 한다고 했다. 그 이유가 컴퓨터가 있는 친구들이 많이 없어서라고 했다.

초등학교 고학년이 되자, 컴퓨터로 〈피파〉와 〈발로란

트〉 게임을 미친 듯이 하기 시작했다. PC방도 다니기 시작했다. '디스코드(Discord)'로 친구들과 소통하며 게임을 즐겼다. 이제 중학교 2학년이 되었는데, 지금은 〈리그오브레전드(LOL)〉를 미친 듯이 하고 있다. 하긴 나도 그 나이 때 그랬다.

선재는 토스(toss)를 사용한다. 용돈을 토스 계좌에 넣어 둔다. 토스로 온라인 결제를 해서 사고 싶은 것도 산다. 나도 한 번씩 선재 계좌로 용돈을 넣어 준다. 현금이 필요하면 편의점에 가서 토스 계좌의 돈을 인출해 쓴다고 한다.

선재와 인스타그램(Instagram) '맞팔' 중이다. 한 번씩 '좋아요'를 눌러 주는 사이이다. 선재는 카카오톡 메시지를 확인 잘 안 한다. 인스타그램 DM(Direct Message)으로 보내는 것이 빠르다. 얼마 전 선재가 나의 〈리그 오브 레전드〉 계정을 물어보더니 친구 추가를 하고 메시지를 보냈다. "이모부, 한판 하실래요?"

알파 세대를 맞이해야 할 때

알파 세대의 특성에 대해서는 아직 많이 연구되지 못했다. 그동안 너무 어린 학생들이었기 때문이다. 2023년 한국교육개발원(KEDI)에서 『학생의 온라인 생활 연구:

학습자 특성 분석』이라는 보고서를 발표했다. 이제 막 중학생이 된 알파 세대를 심층적으로 분석한 연구다. 필자도 공동 연구원으로 참여한 연구니 참고하면 좋다.

알파 세대는 인스타그램의 릴스, 유튜브 쇼츠와 같은 쇼트 폼 콘텐츠에 익숙하다. 작년 말 유치원 재롱 잔치에 참석했을 때 동반 가족 댄스 대회를 했는데, 여자 초등학생들이 우르르 나왔다. 최신 케이팝과 챌린지 음악들이 나오니 한 명도 빠짐없이 그 음악에 맞춰 댄스를 추는 것을 보고 충격을 받았다. 생각해 보니 놀이터에서 초등학생들이 단체로 '삐끼삐끼' 춤을 추고 동영상으로 녹화하며 노는 것을 본 적도 있다. 요즘 애들은 그렇게 놀고 있다.

지난 학기에 교대생 1학년 대상의 수업에서 학생들에게 물었다. 나중에 교사가 되었을 때, 학생들이 '삐끼삐끼'와 같은 챌린지를 같이 찍자고 하면 어떻게 할 것이냐고. 대부분 "같이 찍어 주는 교사가 되도록 노력해야 할 것 같아요"라고 대답하였다. 나도 노력해야겠다.

참고문헌

도재우 외(2023). 『학생의 온라인 생활 연구: 학습자 특성 분석』(RR2023-10). 한국교육개발원.

오해섭 · 문호영(2020). 『Z 세대 10대 청소년의 가치관 변화 연구』(연구보고 20-R03). 한국청소년정책연구원.

03
튜링 테스트, 알파고, 그리고 챗GPT

AI 시대, 교사는 기술의 발전 역사를 굳이 알아야 하는가? 그렇다. 특히, AI 발전사 부분은 현재를 이해하게 해 주는 매우 흥미로운 이야기들로 가득하다. 약 100년이 약간 못 되는 이야기다. 태어나기도 전으로 거슬러 올라가 어렸을 적의 이야기를 거쳐 현재로까지 와 보자. 이 거대한 기술 발전 속에서 우리 사회를 생각해 보자. 그리고 그 속에서 교육의 의미를 되새겨 보자. 모든 것들이 퍼즐처럼 맞춰지는 경험을 하게 될 것이다.

AI와 난임 극복?

2차 세계 대전, 그리고 앨런 튜링

1차 세계 대전(1914~1918)과 2차 세계 대전(1939~1945)의 시간적 격차는 고작 20년이나, 전쟁에 사용된 무기들의 기술력은 천지 차이였다. 1차 대전은 단순 소총과 전차 위주의 전쟁이었으나, 2차 대전 때는 전투기, 잠수함, 핵폭탄과 같은 첨단 무기들이 등장했다. 그 배경에는 20세기 초반 양자 역학의 발전이 있다. 양자 역학 기반으로 원자 폭탄이 개발될 수 있었고, 이는 2차 세계 대전을 종식시켰다. 영화 〈오펜하이머〉를 통해 간접 경험을 할 수 있다.

2차 세계 대전 가운데 '에니악(ENIAC)'이나 '콜로서스(Colossus)' 같은 초기 컴퓨터들이 등장했다. 탄도학이나 암호학을 위해 등장한 기계들이다. 에니악 초기 개발자 중 우리가 잘 알고 있는 존 폰노이만(John von Neumann)과 앨런 튜링(Alan Turing)이 있다. 이 둘은 어떤 인연으로 이어져 있을까? 여기서부터 이야기를 시작해 보자.

존 폰노이만은 헝가리에서 미국으로 망명한 유대계 과학자다. 당시 나치 독일을 피해 유럽의 많은 유대계 과학자들이 미국으로 망명했다. 우리가 익히 잘 아는 알베르트 아인슈타인(Albert Einstein)도 독일에서 미국으로 망명했다. 이 두 천재 과학자는 미국 프린스턴 고등연구소(IAS, Institute for Advanced Study)에서 같은 시기에 재직하기도 했다. 영국 출신의 앨런 튜링은 프린스턴대학교(Princeton University)에 유학을 와서 이 두 선배 과학자들과 교류하면서 1938년에 수학과 박사 학위를 받는다. 이후 존 폰노이만은 후배 과학자인 앨런 튜링이 동성애자인 탓에 고국에서 고생할 것이 염려되어 미국에 남을 것을 권했다. 그러나 나치 독일로 인한 2차 세계 대전의 전운이 감돌자 앨런 튜링은 영국으로 귀국하였다.

앨런 튜링은 2차 세계 대전에서 영국군의 종군 암호학자로 활약하였고, 독일의 잠수함 통신 암호 '에니그마(Enigma)'를 해독하여 영국군을 승리로 이끌었다. 영국의 50파운드화 지폐 모델일 정도로 영국을 대표하는 과학자이기도 하다. 그러나 동성애자라는 이유로 보수적인 영국 사회에서 핍박당하며 매우 불행한 삶을 살기도 했다. 앨런 튜링의 생애는 영화 〈이미테이션 게임〉에 잘 묘사되어 있다.

앨런 튜링은 AI의 아버지라고 불리기도 한다. 1950년에 발표한 논문 "계산 기계와 지능(Computing Machinery and Intelligence)"의 첫 장 '모방 게임(The Imitation Game)'에서 일종의 테스트를 제안한다.

인간 평가자는 질문만으로 A와 B 중 누가 진짜 여자인지를 맞혀야 하는데, 사실 A는 남자 역할을 배정받은 컴퓨터가 여자인 척 연기하는 상황이다. B는 솔직하게 여자로 행동한다. 만약 평가자가 A에게 속는다면, A 역할을 맡은 컴퓨터는 '생각하는 기계'로 볼 수 있다는 것이 기본 설정이다. 이는 훗날 '튜링 테스트(The Turing Test)'라고 명명되었다. 이 테스트에 통과한 컴퓨터는 '인간 수준의 지능'을 갖춘 것으로 여겨진다.

이로부터 64년이 지난 2014년, '유진 구스트만(Eugene Goostman)'이라는 챗봇이 최초로 튜링 테스트를 통과한 것으로 알려졌다. 5분 길이의 대화에서 평가자 30% 이상을 속이면 되는 조건이었는데, 33%를 속였다.

1956년 다트머스 회의, AI의 탄생

다트머스대학교(Dartmouth College) 수학과 교수였던 존 매카시(John McCarthy)와 그의 동료인 하버드대학교(Harvard University)의 마빈 민스키(Marvin Minsky)는 진짜로 지능이 있는 기계를 만들어 보고 싶어 했다. 이들은 1955년에 록펠러재단에 연구 제안서를 제출하는데, "다트머스 인공지능 여름 연구 프로젝트 제안서(A Proposal for the Dartmouth Summer Research Project on Artificial Intelligence)"라는 제목이었다. 여기서 최초로 '인공지능(AI, Artificial Intelligence)'이라는 용어가 등장한 것으로 알려져 있다.

이들과 더불어 IBM의 너새니얼 로체스터(Nathaniel Rochester)와 벨 연구소(Bell Telephone Laboratories)의 클로드 섀넌(Claude Shannon), 이렇게 총 네 명이 제안서에 이름을 올렸다. 참고로 클로드 섀넌은 정보 통신 분야에서 가장 뛰어난 학자로, 앤트로픽(Anthropic)사의 언어 모델인 '클로드(Claude)'는 그의 이름을 딴 것이다.

이듬해인 1956년 여름에 다트머스대학교에서 콘퍼런스가 개최되었고, 제안서에 참여한 네 명의 과학자와 더불어 앨런 뉴얼(Alan Newell), 허버트 사이먼(Herbert Simon), 아서 새뮤얼(Arthur Samuel) 등 최고의 과학자들이 모여 'AI'라는 새로운 용어를 정의한다. 바로 AI라는 학문이 탄생하는 순간이다.

1958~1969년, AI의 부흥과 몰락

존 매카시나 마빈 민스키는 AI를 수학적인 기호나 수식으로 개발하려고 했다. 이를 '기호주의(Symbolism)'라고 한다. 반대로 코넬대학교(Cornell University)의 프랭크 로젠블랫(Frank Rosenblatt)은 1958년, 인간 뇌의 신경망 구조를 본뜬 모델 '퍼셉트론(Perceptron)'을 고안해 낸다. 이렇게 인간의 뇌 신경망처럼 연결 과정을 중심으로 AI를 구현하려는 방법을 '연결주의(Connectionism)'라 한다.

마빈 민스키와 프랭크 로젠블랫은 뉴욕 브롱크스고등학교(Bronx High School of Science) 선후배 사이였다. 그러나 이 둘이 AI를 바라보는 관점은 '기호주의'와 '연결주의'로 달랐다. 마빈 민스키는 시모어 패퍼트(Seymour Papert)와 함께 저술한 『퍼셉트론(Perceptrons)』(1969)이라는 책을 통해, 후배였던 프랭크 로젠블랫의 인공 신경망 모델 '퍼셉트론'의 한계성을 비판한다. 세상은 마빈 민스키의 편을 들어 주게 되고, 이후 AI 연구에는 큰 쇠락기가 찾아온다. 이 시기를 'AI 겨울(AI Winter)'이라고 부르기도 한다. 1971년 프랭크 로젠블랫은 불의의 보트 사고로 익사하는데, 비관하여 스스로 삶을 마감했을 것으로 추측하는 시각도 있다. 참으로 슬픈 이야기다.

1970~1980년대 과학 기술의 눈부신 발전

2차 세계 대전에서 독일은 패망했다. 세계 패권은 미국과 소련으로 양분되었다. 그리고 이 둘의 보이지 않은 전쟁인 '냉전(The Cold War)'이 이어진다. 미국은 맨해튼 프로젝트(1942~1946)로 원자 폭탄을 먼저 개발하긴 했으나, 소련이 1957년 먼저 인공위성 '스푸트니크(Sputnik)'를 쏘아 올린다. '스푸트니크 쇼크(Sputnik Shock)'라고 불리는 이 사건은 미국을 크게 변화시켰다.

미국은 바로 이듬해인 1958년, 나사(NASA, National Aeronautics and Space Administration)를 발족하여 본격적인 우주 경쟁 시대에서 앞서 나가고자 했다. 이에 학교 교육에서 수학과 과학을 중시하는 '학문 중심 교육 과정'을 강조하게 된다. 미국의 기존 교육 방식인 존 듀이(John Dewey)의 경험 중심 교육 과정과 대조되는 방식이었다. 결과적으로 1969년에 아폴로(Apollo) 11호를 통해 미국이 달나라에 인간을 먼저 보내는 승리를 달성한다. 냉전 기간 미국과 소련의 치열한 군사 및 우주 경쟁은 과학 기술의 발전하에 이루어졌다.

1969년의 아폴로 11호는 인류사의 큰 충격이었다. 반도체, 전자 공학, 컴퓨터, 통신 기술도 눈부신 속도로 발전되고 있었다. 작가 앨빈 토플러(Alvin Toffler)는 두 권의 저서 『미래의 충격』(1970)과 『제3의 물결』(1980)을 통해 미래 사회의 변화를 예고했다. 특히 『제3의 물결』은 농업 혁명과 산업 혁명에 이은 또 하나의 인류사 혁명이 도래함을 예고하고 있었다. 컴퓨터와 인터넷으로 인한 정보화 혁명이었다.

그 예상은 1980년대 바로 현실로 찾아왔다. IBM은 최초의 상업용 PC인 'PC 5150'을 개발했다. 여기에 포함된 운영 체제가 바로 MS도스(MS-DOS)다. 1975년에 마이크로소프트(Microsoft)를 설립한 빌 게이츠(Bill Gates)가 이 최초의 PC에 운영 체제를 납품하게 된 것이다.

1970~1980년대, AI의 분투기

딥러닝(deep learning)의 아버지 제프리 힌턴(Geoffrey Hinton)이 서서히 언급되어야 할 때다. 영국인 제프리 힌턴은 1978년 에든버러대학교(University of Edinburgh)에서 AI로 박사 학위를 받았다. 그러나 당시 AI 연구는 인기가 없었다. 그래서 그는 기회의 땅 미국으로 건너가 당시 연결주의와 신경망 연구의 대가였던 UCSD(University of California, San Diego)의 데이비드 러멜하트(David Rumelhart) 연구실에 취업한다.

1986년, 제프리 힌턴은 데이비드 러멜하트와 함께 '역전파(Back Propagation)' 알고리즘을 정립한 연구로 매우 유명해졌다. 그 이듬해 데이비드 러멜하트는 최고의 명문 스탠퍼드대학교(Stanford University)로 이직하고, 제프리 힌턴도 캐나다 토론토대학교(University of Toronto)에 전임 교수로 임용되었다.

미국을 떠나 왜 굳이 캐나다로 갔는지에 대해 사람들이 궁금해했다. 후문에 의하면 냉전 시대였던 당시, 미소 군사 경쟁에 자신의 AI 연구가 쓰이는 것을 원치 않아 미국을 떠났다고 한다. 토론토대학교에서 만개하는 제프리 힌턴 교수님은 잠시 후에 다시 불러와 보자.

1990년대 정보화 시대의 도래

앨빈 토플러가 1980년 『제3의 물결』에서 예고한 정보화 시대는 그로부터 약 10년 뒤인 1990년대에 실현되었다. IBM과 애플(Apple), 그리고 마이크로소프트가 이끈 컴퓨터의 대중화가 핵심이었다. 더불어 1991년에는 '월드와이드웹(WWW)'의 민간 개방으로 인터넷이 대중화되었다.

인터넷은 1980년대까지만 해도 과학자들끼리의 폐쇄적인 통신망이었으나 드디어 민간에게 개방된 것이다. 게다가 1991년은 소련이 해체된 해이기도 하다. 세계는 이러한 전환점에서 '지구촌', '글로벌'이라는 새로운 키워드로 연결되며 하나가 되어 가고 있었다.

2001년, 디지털 네이티브의 등장

미국의 미래 교육학자 마크 프렌스키(Marc Prensky)는

2001년 "디지털 원주민, 디지털 이민자(Digital Natives, Digital Immigrants)"라는 논문을 발표한다. 논문에 따르면, 디지털 원주민은 태어나서부터 디지털 시대에 살아가는 사람들을 의미한다. 반대로 디지털 이민자는 과거의 아날로그 시대에서 현재의 디지털 시대로 이민 와야 하는 사람들을 의미한다.

그러면서 논문에서는 밀레니얼(M) 세대가 학교 현장에 등장하기 시작했을 때의 충격을 언급하고 있다. 어려서부터 컴퓨터와 인터넷을 접한 어린 학생들은 교실에 막 보급되기 시작한 컴퓨터를 매우 능숙하게 다룰 수 있었다. 반면, 학교 선생님들은 자기가 가르치는 학생들보다 컴퓨터를 더 다루지 못하는 상황이었다. 이처럼 갑자기 교육에 기술이 보급되기 시작한 그 시대의 혼란을 묘사하고 있다. 다음은 해당 논문 첫 문단의 핵심 글귀다.

> "오늘날 학생들은 매우 빠르게 변화하고 있다. 더는 현재의 교육 시스템으로 가르칠 수 있는 학생들이 아니다.(Our students have changed radically. Today's students are no longer the people our educational system was designed to teach.)"

2000년대 머신 러닝의 발전

1987년에 캐나다 토론토대학으로 건너간 제프리 힌턴은 인복이 있었다. 프랑스계 얀 르쿤(Yann LeCun)이 연구실에 합류한다. 또한 그를 통해 학계 동료 요슈아 벤지오(Yoshua Bengio)도 소개받게 되었다. 이 세 명의 학자는 마치 『삼국지』의 유비, 관우, 장비가 도원결의하듯이 의기투합한다. 이들은 인공 신경망 중 '합성곱 신경망(CNN)'을 꾸준히 연구하게 된다. 이미지를 인식하는 컴퓨터 비전 분야의 AI다.

2006년 제프리 힌턴 교수의 연구실에서 '딥 빌리프 넷(Deep Belief Nets)'이라는 모델이 논문으로 모습을 드러내기도 한다. 후에 우리가 딥러닝이라고 부르게 될 알고리즘이며, 기나긴 터널을 지나 곧 세상 밖으로 나올 날만을 기다리는 녀석이었다. 이는 잠시 후에 알아보기로 하자.

제프리 힌턴, 얀 르쿤, 요슈아 벤지오 이 세 명의 학자는 꾸준히 이 분야를 연구해 온 공로를 인정받아 2018년에 앨런 튜링의 이름을 딴 튜링상을 공동 수상하게 된다. 얀 르쿤은 뉴욕대학교(New York University), 요슈아 벤지오는 몬트리올대학교(University of Montreal)에서 최고의 AI 연구 권위자로 재직 중이다.

2010년대, 웹 2.0, 모바일 혁명, 빅데이터

1990년대 우리가 맞이한 인터넷은 1세대였다. 쉽게 말해 일방향적인 통신이었다. 우리는 단순히 콘텐츠 소비자였을 뿐이며, 소수만이 인터넷상에 콘텐츠를 게시할 수 있었다. 그러다 인터넷은 2000년대 중반, 2세대(웹 2.0)로 진화한다. 소셜 미디어의 탄생이다.

소셜 미디어는 개인 이용자가 인터넷상에 정보를 공유할 수 있다. 블로그, 트위터(Twitter, 현재의 X)와 같은 매체로 대표된다. 페이스북, 인스타그램(Instagram), 블로그, 유튜브(Youtube), 심지어 위키피디아(Wikipedia) 등의 기술이다. 사용자가 정보를 공유하고 서로 네트워크를 맺는 시대다.

웹 2.0 시대와 시너지를 일으킨 것은 모바일 혁명이다. 2007년 스티브 잡스(Steve Jobs)가 선보인 아이폰으로 인해 드디어 스마트폰 시대가 열렸다. 이제 우리는 수많은 콘텐츠를 손바닥 안에서, 심지어 이동하면서 바로바로 생산할 수 있게 된 것이다.

이러한 변화는 인터넷상의 데이터를 폭발적으로 증가시켰다. 바로 빅데이터 시대의 시작이다. 이러한 데이터들은 매우 중요한 가치를 지닌다. 데이터를 바탕으로 우리는 미래를 예측할 수 있게 되었다.

2012년, 드디어 나타난 딥러닝

2011년, 스탠퍼드대학교의 AI 석학 앤드루 응(Andrew Ng) 교수는 온라인 공개 강의 '코세라(Coursera)'에서 머신 러닝 강의를 전 세계에 무료로 공개하며 AI 대중화에 앞장섰다. 그 스탠퍼드대학교에서 2010년부터 열렸던 AI 경진 대회가 있다. 흔히 '이미지넷(ImageNet)' 대회라고도 불리는, 이미지 인식 분야의 경진 대회다.

2012년 대회에는 제프리 힌턴 교수 팀이 출전했다. 팀명은 슈퍼비전(SuperVision)이었고, 박사 과정이던 알렉스 크리젭스키(Alex Krizhevsky)의 이름을 딴 '알렉스넷(AlexNet)' 모델이 출전했다. 결과는 압도적인 스코어로 우승이었다. 보통 오류율이 26%대인데, 15%대의 오류율로 우승해 버린 것이다. 바로 딥러닝의 성능을 세상에 알린 날이다. 바야흐로 딥러닝의 시대가 시작되었다. 구글(Google)은 제프리 힌턴의 제자 알렉스가 설립한 회사 'DNN리서치(DNNresearch)'를 인수하며 딥러닝에 전격적으로 투자했다.

제프리 힌턴은 구글 펠로(fellow)로 구글과 10년간 협업한 뒤, 2023년 5월에 구글을 떠나며 인류에게 AI의 위험성에 대해 경고하기도 했다. 2024년에는 그간의 공헌을 인정받아 노벨 물리학상을 수상한다.

2016년 알파고 쇼크

2012년 딥러닝 출현 이후, 구글은 매우 적극적으로 딥러닝 스타트업들을 대상으로 거액을 투자했다. 영국의 스타트업 딥마인드 테크놀로지(DeepMind Technologies)는 2년의 투자를 받아 2014년 바둑 AI '알파고(AlphaGo)'를 개발하게 된다.

2016년, 전 세계에서는 '4차 산업 혁명'이라는 키워드가 입에 오르내리고 있었다. 사람들이 반신반의할 때, 2016년 3월 대한민국 서울에서 구글 딥마인드의 알파고와 인간 최강 바둑 기사 이세돌 9단의 대국이 열렸다. 그 결과는 전 세계를 충격에 휩싸이게 했다. 이세돌은 세 판을 내리 패했다. 전 세계 인류가 낙담하고 있을 때, 네 번째 판에서 말 그대로 '신의 한 수'를 둬서 알파고를 꺾었다. 총 대국 결과는 4대 1로 이세돌이 '한 판을 이겨 봤다'라고 표현된다. 이는 인류가 알파고에 승리한 마지막 경기라고 한다.

참고로 구글 딥마인드의 수장 데미스 허사비스(Demis Hassabis)는 단백질 구조 예측 AI인 '알파폴드(AlphaFold)' 개발 공로로 2024년 노벨 화학상을 수상했다. AI 연구자가 노벨 물리학상(제프리 힌턴)과 노벨 화학상(데미스 허사비스)을 받은 것이다. 바야흐로 AI

의 시대다.

2017년 AI 국가 전략

2016년 3월의 '알파고 쇼크(AlphaGo Shock)'는 과거 1957년의 '스푸트니크 쇼크'와 비견되는 사건이라고 한다. 스푸트니크 쇼크가 미국과 소련의 냉전 시대를 촉발했다면, 알파고 쇼크는 AI 국가 경쟁 시대를 촉발했다.

알파고 쇼크로부터 바로 다음 해인 2017년 3월, AI 선도 국가 캐나다에서 먼저 'AI 국가 전략'을 선포했다. 이후 일본, 중국, 미국 등 여러 국가가 뒤따라 AI 전략을 선포했다. 대한민국도 2018년 5월, 과학기술정보통신부에서 '인공지능 R&D 전략'을 선포했다. 세계가 AI로 경쟁하는 시대가 열렸다.

각 종합 대학에서도 AI 대학원 설치, AI 학부 확대, AI 대학으로의 재편 등 많은 변화가 일어났다. 그리고 공교육을 통해 전 국민을 대상으로 AI를 필수적으로 가르쳐야 하는 현실을 마주하게 되었다. 바야흐로 보통 교육으로서 AI 교육 시대의 서막이 열린 것이다.

2020년 코로나 팬데믹 시기, AI 교육 시대와 디지털 교육 대전환 시대가 함께 맞물리며 이러한 흐름이 우리나라에도 빠르게 찾아오게 되었다. 이 내용은 다음 장에서 이어서 살펴보기로 하자.

2022년 말, 챗GPT의 등장

챗GPT 등장 이전까지의 세상은 천천히 변하고 있었던 것 같다. 학교 AI 수업에서는 머신 러닝에 대해 배우면서 이미지를 구분해 내는 AI 모델을 만드는 수업을 하였다. 또한 AI로 이미지를 그려 보며 후에 얼마나 더 발전할지 상상의 나래를 펼쳤다. 혹은 AI 시대에 교사라는 직업이 어떤 의미를 가질지에 대한 아주 느긋한 담론들이 곳곳에서 들려오기도 했다.

사실 GPT-2.0에 대한 소식은 2021년쯤 들었던 것으로 기억한다. 오픈AI(OpenAI)라는 회사에서 개발 중인 언어 모델이 '소설도 쓰더라'와 같은 소식이었다. 당시 내 생각은 '뭐 잘 쓰면 얼마나 잘 쓰겠어?' 정도의 추측이었다. 불과 몇 개월 뒤, GPT-3.0으로 업그레이드가 되었고 조만간 서비스가 시작될 것이라는 소식이 들렸다. 좀 기대가 되었다.

2022년 11월 말, GPT-3.5를 기반으로 한 챗봇 서비스가 시작되었다. 그렇다. 여러분이 익히 아는 현재의 AI 시대가 시작된 것이다. 당시의 경험은 1장에서 묘사했다. 그리고 챗GPT에 대해서는 10장을 참고하면 좋겠다.

참고문헌

권건우 · 허령(2020a). 『야사와 만화로 배우는 인공지능 1』. 루나파인북스.

권건우 · 허령(2020b). 『야사와 만화로 배우는 인공지능 2』. 루나파인북스.

Hinton, G. E. et al.(2006). A fast learning algorithm for deep belief nets. *Neural Computation*, 18(7), pp.1527–1554.

Krizhevsky, A. et al.(2012). ImageNet classification with deep convolutional neural networks. *Advances in Neural Information Processing Systems*, 25, pp.1–9.

McCarthy, J. et al.(2006). A proposal for the dartmouth summer research project on artificial intelligence, august 31, 1955. *AI Magazine*, 27(4), pp.12–14.

Prensky, M.(2001). Digital Natives, Digital Immigrants Part 1. *On the Horizon*, 9, pp.1–6.

Rosenblatt, F.(1958). The perceptron: a probabilistic model for information storage and organization in the brain. *Psychological Review*, 65(6), pp.386–408.

Rumelhart, D. E. et al.(1986). Learning representations by back-propagating errors. *Nature*, 323(6088), pp.533–536.

Turing, A. M.(1950). Computing machinery and intelligence. *Mind*, 59(236), pp.433–460.

04
AI와 교육이 만나는 다양한 모습

AI가 공교육과 본격적으로 만나게 되는 것은 2020년부터다. AI를 가르치는 교육, AI를 활용하는 교육, AI를 융합하는 교육 등의 다양한 모습들이 본격적으로 공교육 곳곳에 드러나기 시작했다. 그리고 학자들은 이러한 다양한 모습을 범주화하여 용어들을 정의했다. 다양한 용어를 통해 AI가 교육과 만나는 여러 모습을 살펴보자.

AI와 사주?

2020년 AI 교육 종합 방안

2017년 일련의 AI 국가 전략 선포 이후, 전 세계 국가들은 공교육에 AI를 포함했다. 가장 먼저 미국에서는 2018년 'AI4K12 이니셔티브'를 통해 K-12(유치원부터 고등학교까지의 공교육)에서 AI를 교육하기 위한 교육 과정 개정 등의 움직임이 일었다. 국가 공교육 과정에 AI가 정식으로 포함된다는 것은 매우 큰 변화를 예고했다.

대한민국 교육부도 이에 맞추어 2020년에 'AI 교육 종합 방안'을 발표했다. 골자는 초·중등 공교육에서 AI를 필수적으로 가르친다는 내용이었다. 이를 위해 다각도로 준비를 해야 했다. 가장 큰 문제는 AI를 가르치고 활용할 수 있는 교사가 전혀 없다는 것이었다.

교육 대학원의 'AI융합교육전공' 설치

2020년 하반기, 전국 38개 교육 대학원에 현직 교사를 위한 석사 과정이 설치됐다(임태형 외, 2020). 전공명은 'AI융합교육전공'이었다. 전국 17개 시·도 교육청이 각 대학과 MOU를 체결했다. 그리고 한 전공당 약 20명씩, 전국 1천 명의 현직 교사를 모집했다. 야간제는 2020년 9월에 개강했고, 계절제는 2021년 1월에 개강했다.

전국 38개 대학은 대체로 세 유형으로 나뉜다. 교육

대학교, 컴퓨터교육과가 있는 사범 대학, 그것이 없는 사범 대학. 커리큘럼 구성에 대한 기본적인 지침은 존재했다. 그러나 문제는 이를 가르칠 교수진이었다. AI에 대해서 아는 교수진이 많지 않았다.

내가 재직했던 학교는 세 번째 유형이었다. 공과대학의 인공지능학부와 교육학과의 교육공학 전공 교수진이 반반씩 커리큘럼을 맡았다. 당시 시간 강사였던 나는 여러 교과목을 새롭게 개발해야 했다. 매우 힘들었으나, 나도 많은 것을 배웠다.

두 학자의 비슷하면서 다른 시각

AI와 교육이 만나는 다양한 모습들을 여러 학자가 다양한 용어들로 정의해 왔다. 대표적으로 두 명의 학자를 알아 두어야 할 필요가 있다. 첫 번째는 경인교육대학교 컴퓨터교육과의 한선관 교수고, 두 번째는 이화여자대학교 교육학과의 교육행정 및 정책 전공 정제영 교수다. 한선관 교수는 정보 · 컴퓨터 교육의 관점에서, 정제영 교수는 교육학의 관점에서 AI와 교육의 만남을 구분했다.

이해-활용-가치 교육

한선관 교수가 제시한 모델은 순차적인 교육 모델이다.

순서대로, AI를 이해하고, 활용한 후, 가치에 대해 생각해 보는 모델이다. 지극히 보편타당한 모델이다. 그러나 AI 이해 교육이 어느 정도 수준까지 이루어져야 하는지에 대해서는 많은 논란이 있었다.

이 순차적인 모델이 '교사 교육' 분야에 적용될 때 그 문제가 불거졌다. 초등 교원 양성 과정에서 AI 이해 교육을 강조하는 것은 별로 문제가 되지 않을 것이다. 초등 교사라면 당연히 자신이 가르칠 정보 · 컴퓨터 분야의 지식을 알아야 하기 때문이다. 그런데 중등 교원 양성 과정에서 여러 문제점이 있었다. 쉽게 말해 '국어 교사가 되려고 왔는데, 내가 굳이 AI를 이해하기 위해 파이썬(Python)과 선형 대수를 배워야 할 필요가 있는가'라는 문제였다.

중등 교원 양성 기관에서는 2021~2023년도에 교육 과정 재구성을 시도할 때 고민이 뒤따랐을 것이다. 전국 교원 양성 기관들은 각자 다양한 방식으로 교육 과정을 변화시켰다. 교양 선택, 전공 필수, 혹은 교직 등으로 다양하게 구성하여 2024년도부터 AI 교육을 전면 시행하였다. 보통 '디지털 교육'이라는 이름이었다.

AI를 이해하는 교육

공교육에서 AI 이해 교육은 쉽게 '정보 · 컴퓨터 교과목'의 영역에 해당한다. 초등 실과, 중등 정보 수업에서 가르쳐지는 교과 내용이다. 기존 소프트웨어(SW) 교육에서 다루었던 컴퓨팅 사고력에 더해 'AI 소양'을 강조한다. 데이터 리터러시와 AI 윤리 의식, AI 기반 문제 해결력 등을 다루고 있다.

AI를 활용하는 교육

한선관 교수는 AI를 활용하는 'AI 활용 교육'을 세분화했다. 총 네 가지로 세분화했는데, 각 명칭과 의미를 유심히 들여다보자.

첫 번째, 'AI 교과 활용 교육'이다. 이 명칭을 잘못 해석하는 경우가 종종 있다. 반드시 정확히 이해하자. 'AI'를 '(다른) 교과에 활용'하는 교육 유형이다. 그리고 AI를 반드시 '도구'로서 사용한다. 주요 목적은, 교과 본연의 학습 목표를 보다 효과적으로 달성하기 위한 '도구'로서 AI의 힘을 빌리는 것이다. 가장 쉬운 예로, 영어 교과목에서 말하기 수업을 위해 AI 스피커를 활용하는 사례가 있겠다.

간혹 '주객전도의 오류'가 나오기도 한다. 교과 본연의 수업을 진행해야 하는데, 활용할 AI 툴의 사용법만 가르치다가 수업이 끝나 버리는 경우다. 혹은 학생들이 교과 수업의 목표를 달성하는 것이 아닌, AI 툴의 활용법을 위주로 습득하는 경우다. 이러한 주객전도의 오류를 방지하기 위해 수업 목표를 정확하게 설정해야 할 것이다.

두 번째, 'AI 융합 교육'이다. 우리가 흔히 강조하는 그 AI 융합 교육이 이 유형이다. 과거 'STEAM(과학, 기술, 공학, 예술, 수학) 융합', 'STEM(과학, 기술, 공학, 수학) 융합'과 같은 맥락이다. STEAM 융합이나 STEM 융합의 목표는 여러 분야 지식을 융합하여 '문제 해결력'을 기르는 데 있었다. AI 융합 교육은 'AI'를 활용하여 '문제를 해결할 수 있는 역량'을 기르는 수업을 하게 된다. 보통 프로젝트 수업 형식으로 이루어지는 경우가 많다. 동아리 활동에서 적용되기도 하고, 교과 간 융합의 형태로 진행되기도 한다. 이때 보통 정보 교과가 제일 마지막 수업에 배치되어 직접 AI 산출물을 만들어 보게 된다.

세 번째, 'AI 기반 교육'이다. 이는 교수-학습 과정 전반을 AI가 보조하는 모습이다. 수업 설계 시 학습자 진단이 필요할 때 AI로 학습자 수준을 진단해 볼 수 있다. 수업 자료를 개발할 때 AI의 도움을 받아 개발할 수도 있다. 학생 평가 때 AI의 도움을 받을 수도 있다. 혹은 학생들에게 피드백을 해 줘야 할 때, AI로 자동화된 피드백을 해 줄 수도 있다. 이처럼 다양한 방식으로 교수-학습 과정 전반에 AI가 적용되는 유형이다.

네 번째, 'AI 기반 교육 시스템'이다. 이는 세 번째 유형의 거시적인 형태다. 세 번째 유형이 보통 교사의 단일 수업을 대상으로 적용된다면, 네 번째 유형은 학교 차원이나 국가 차원에서 적용되는 거시적 모습이다. 학교 행정 전체가 AI로 지능화된다거나, 전교생의 학습 현황이 AI로 분석되는 등 거시적인 형태다.

내용-활용-융합 교육

교육학자인 정제영 교수의 모델은 순차적인 모델은 아니다. 대신 범주적으로 세 가지로 구분했다. AI에 대한 이해가 조금 부족해도 얼마든지 AI를 활용할 수 있는 모델을 제시하고 있다. 한선관 교수의 모델과 비교하여 가리키는 용어가 약간 상이할 뿐, 구분하는 범위는 유사하다.

AI 내용 교육

'AI 내용 교육'은 한선관의 모델에서 'AI 이해 교육' 범주와 같다. 주로 정보 · 컴퓨터 교과 영역에 해당한다고 볼 수 있다. AI 개념, 원리, 윤리 등에 대해 다루는 부분이다. 물론 오로지 정보 · 컴퓨터 교과에서만 다뤄야 할 부분은 아니다. 특히 AI 윤리와 같은 부분은 도덕, 윤리, 사회 교과목에서 연계하여 다루는 것이 더 좋을 것이다.

AI 활용 교육

'AI 활용 교육'에서 '교과 교수 학습의 도구 활용'은 한선관의 모델의 'AI 교과 활용 교육'과 유사하다. 그리고 '교육 전반에 에듀테크 활용'은 'AI 기반 교육' 및 'AI 기반 교육 시스템'과 유사하다.

AI 융합 교육

'AI 융합 교육'은 '내용적 융합'과 '방법적 융합'으로 나뉜다. 전자인 '내용적 융합'은 'AI 내용 교육'과의 교집합에 해당하고, 후자인 '방법적 융합'은 'AI 활용 교육'과의 교집합이다.

쉽게 설명하면, '내용적 융합'은 정보 · 컴퓨터 교과와 연계하여 AI 모델을 직접 만들어 본다거나 코딩 등과 같은 활동을 포함하게 된다. 대조적으로 '방법적 융합'은 AI 내용이 반드시 들어가진 않고, AI를 '도구적'인 활용 수준으로 다루는 것을 의미한다.

예를 들어 초등학교 고학년 대상 환경 보호 프로젝트 수업에서 '내용적 융합 수업'을 한다면, 구글 티처블머신(Google Teachable Machine)으로 쓰레기 분리수거를 하는 머신 러닝을 개발하여 이를 아두이노(Arduino)와 같은 교구와 연계하여 무엇인가를 직접 만들어 보는 수업이 그려진다. 이는 반드시 AI의 원리에 대한 이해가 동반되어야 한다.

반대로 '방법적 융합 수업'을 한다면, AI 작곡 사이트로 '분리수거 캠페인 송'을 작곡하고, AI를 활용하여 그림과 비디오로 '캠페인 뮤직비디오'를 산출해 볼 수 있다. 이때 AI의 지식적인 이해가 반드시 있을 필요는 없다.

참고문헌

임태형 외(2020). 전문교사 양성을 위한 교육대학원 AI융합교육 교육과정에 대한 의미연결망분석. ≪학습자중심교과교육연구≫, 20(21), 1185-1211쪽.

정제영 외(2023). 『AI 융합교육개론』. 박영스토리.

한선관 외(2021). 『AI 사고를 위한 인공지능 교육』. 성안당.

AI4K12 이니셔티브. https://ai4k12.org/

05
AI 디지털 교과서의 시대

AI 기반 교육의 대표적인 예시가 AI 디지털 교과서다. AI 기술을 활용하여 학습자 수준을 진단하고, 학습 성과를 예측하여, 교사가 맞춤형 처방을 내릴 수 있게 도와주는 도구다. 2025년은 AI 디지털 교과서가 본격적으로 활용되는 해다. 교사라면 모두 다 아는 내용일 것이다. AI 디지털 교과서에 내장된 핵심 기능인 '학습 분석학'에 대해서 살펴보자.

AI와 아이돌?

빅데이터 시대의 도래

2010년대 우리는 빅데이터 시대를 맞이했다. 웹 2.0 시대가 모바일 혁명과 맞물리며 데이터의 폭발적 증가를 가져왔다. 빅데이터 시대가 도래한 것이다.

이러한 빅데이터의 특징은 보통 '3V'로 요약된다. 용량(volume), 속도(velocity), 다양성(variety)이다. 기업들은 빅데이터를 활용해 새로운 가치를 창출하기 시작했다. 예를 들어 월마트(Walmart)는 태풍 예고가 발표되면 맥주와 손전등 매출이 급증하는 패턴을 발견하고, 이를 매장 진열 전략에 활용하는 등 비즈니스 전략에 빅데이터를 적극 활용했다.

교육 분야도 예외는 아니었다. 2010년대에 들어서면서 '교육적 데이터 마이닝(Educational Data Mining)'이라는 새로운 분야가 등장했다. 이는 교육 현장에서 발생하는 방대한 데이터에서 의미 있는 패턴을 찾아내는 것을 의미한다.

대표적인 사례로 미국 애리조나주립대학교(Arizona State University)의 '조기 경보(Early-alert) 시스템'을 들 수 있다. 학생들의 학습 관리 시스템(LMS) 접속 기록, 동영상 강의 시청 기록, 퀴즈 점수, 도서관 출입 기록 등을 분석해 학업 성취도를 예측하고, 중도 탈락 위험이 있는 학생들을 미리 파악하는 시스템이다.

학습 분석학의 탄생

이러한 흐름 속에서 2011년, 새로운 학문 분야가 탄생했다. '학습 분석학(Learning Analytics)'이라는 분야다. 학습과 관련된 데이터를 분석하는 것을 넘어, 학습자 개개인에게 맞춤형 처방을 제공하는 것을 목표로 하는 학문이다. 기존의 교육 평가가 학습이 끝난 후 이루어지는 총괄 평가였다면, 학습 분석학은 학습 과정 중에 실시간으로 이루어지는 형성 평가의 성격을 갖는다. 또한 주관적 판단이 아닌 객관적 데이터에 기반한 과학적 접근을 통해 각 학습자의 특성에 맞는 차별화된 처방을 제공하는 데 목표가 있다.

이처럼 빅데이터 시대는 교육의 패러다임을 변화시켜 학습 분석학 분야의 탄생을 가져왔다. 이제 교육은 교사의 '직관'이나 '경험'에만 의존하지 않는다. 객관적이고 측정 가능한 '학습 데이터'를 수집하여 이를 기반으로 과학적 분석과 처방을 내린다.

학습 분석학의 데이터

학습 분석학은 전통적인 통계 방식을 쓰지 않는다. 과거의 통계는 보통 추론 통계다. 표본을 뽑아 전체를 추론하는 방식이다. 그러나 이제는 기술의 발전으로 데이터 전체를 수집하여 분석할 수 있다. 전체 데이터를 분석 대상으로 하고 있다는 점이 기존의 방식과 차별점이라고 볼 수 있다.

데이터 수집 방식도 과거와는 다르다. 과거 방식은 보통 사람이 직접 개입해 수동으로 수집했고, 정해진 구조에 맞춰 시간을 들여 모아야 했다. 반면 빅데이터는 사람의 개입 없이 자동으로 수집되며, 매우 복잡하고 다양한 형태로 실시간 저장된다.

학습 분석학은 이렇게 수집된 데이터를 크게 두 가지 유형으로 나눈다. 하나는 '정태적(static)' 데이터다. 학습 전부터 가지고 있는 학습자의 고정된 특성이다. 성별, 나이와 같은 인구 통계학적 정보나 심리적 기질, 이전 학습 결과 등이 여기에 해당한다. 다른 하나는 '동태적(dynamic)' 데이터다. 학습 과정에서 실시간으로 발생하는 데이터다. 접속 시간, 클릭 수, 학습 성과, 심지어 생체 신호까지도 포함될 수 있다.

이러한 데이터는 세 단계의 과정을 거쳐 교육적 가치로 전환된다. 첫째, 데이터 수집과 가공 단계다. 수집된 원시(raw) 데이터는 매우 복잡하고 불필요한 정보도 많이 포함하고 있어, 이를 정제하고 분석 가능한 형태로 전처리하는 과정이 필요하다. 둘째, 분석과 예측 단계다. 가공된 데이터는 시각화되어 대시 보드를 통해 제공되며, 다양한 변수들의 관계를 분석해 학습 결과를 예측하는 모델이 만들어진다. 마지막으로 처방 단계다. 분석 결과를 바탕으로 교사나 학습자가 적절한 교육적 처방을 내리게 되는 것이다.

처방의 주체

처방 단계에서는 학습 환경에 따라 그 주체가 달라진다. 일반적인 정규 수업에서는 교사가 처방의 주체가 되어, 분석 결과를 해석하고 적절한 교육적 개입을 결정한다. 예를 들어, 학업 중단 위험이 높은 학생을 발견했다면 어떤 지원이 필요한지 판단하고 실행하는 것이다.

반면 자기 주도 학습 환경에서는 학습자가 처방의 주체가 된다. 학생은 자신의 학습 데이터가 시각화된 대시 보드를 보면서 스스로 학습 상태를 진단하고, 제시된 여러 처방 중 적절한 것을 선택하게 된다.

학습의 방식이 변하는 것

이처럼 학습 분석학은 빅데이터와 교육의 만남을 통해

보다 과학적이고 개별화된 교육을 가능하게 만들고 있다. 이는 단순한 기술의 도입이 아닌, 교육의 본질적 변화를 이끄는 패러다임의 혁신적 전환이라 할 수 있다. 현재 교육부가 시도하고 있는 AI 디지털 교과서의 전면 도입은 이러한 교육 패러다임의 변화를 시도하는 것이라고 볼 수 있겠다.

학습 분석학의 등장은 단순한 기술의 발전을 넘어, 교육의 근본적인 변화를 예고하고 있다. 지금까지 교육은 '한 명의 교사가 여러 학생을 가르치는' 획일적인 모델이었다. 하지만 학습 분석학은 이러한 전통적 교육 모델을 '데이터에 기반한 개별 맞춤형 교육'으로 전환하는 것을 목표로 하고 있다.

예를 들어, 온라인 학습 환경에서는 각 학습자의 학습 속도, 선호하는 학습 방식, 어려워하는 부분 등이 실시간으로 기록되고 분석된다. 한 학생이 수학 문제를 풀 때 특정 유형에서 반복적으로 실수를 한다면, 시스템은 이를 감지하고 그 학생에게 맞춤형 보충 학습 자료를 제공할 수 있다. 또 다른 학생이 영어 학습에서 듣기는 뛰어나지만 읽기에 어려움을 겪는다면, 그 학생의 학습 경로를 조정하여 읽기 능력 향상에 초점을 맞출 수 있다.

더 나아가 학습 분석학은 교육 현장의 시·공간 제약

도 함께 허물고 있다. 전통적인 교실 수업에서는 모든 학생이 같은 시간에 같은 내용을 배워야만 했다. 하지만 이제는 각자의 진도에 맞춰 학습할 수 있다. 빠른 학생은 더 빨리, 천천히 학습하는 학생은 자신의 속도에 맞춰 차근차근 배울 수 있다.

하지만 이러한 변화가 교사의 역할을 축소하는 것은 아니다. 오히려 교사의 역할은 더욱 중요해지고, 할 일도 많아질 것이다. 데이터는 단순히 학습자의 현재 상태를 보여 줄 뿐, 그것을 어떻게 해석하고 어떤 처방을 내릴지는 여전히 교사의 전문성이 필요한 영역이다. 교사는 이제 단순한 지식 전달자가 아닌, 데이터 분석가이자 학습 코치의 역할까지 수행하게 되었다.

문제점들

이러한 학습 분석학 기술을 기반으로 AI 디지털 교과서가 공교육 현장에 전면 도입되려 하고 있다. 물론 여전히 많은 문제점이 존재하고, 앞으로도 더 많이 생길 것이다. 어떠한 문제점들이 있을까. 전부를 다룰 수는 없겠지만 몇 가지 핵심적인 것들만 다뤄 보자.

가장 핵심적인 문제는 '데이터의 질'이다. 현재 AI 디지털 교과서를 통해 수집될 수 있는 데이터는 주로 학습자의 표면적인 행동, 즉 클릭 수나 접속 시간과 같은 정량적 지표가 대부분이다. 하지만 진정한 학습은 이보다 훨씬 복잡하고 깊은 차원에서 일어난다. 학습자의 사고 과정, 감정 상태, 동기 수준과 같은 질적인 측면을 어떻게 데이터화할 것인가는 여전히 큰 과제로 남아 있다.

또 다른 중요한 문제는 '개인 정보 윤리'의 영역이다. 학습 분석학은 학습자의 모든 학습 활동을 세세하게 추적하고 기록한다. 이는 마치 교실에 CCTV를 설치하는 것과 같다. 물론 이러한 데이터 수집에 동의를 받고 진행하는 것이지만, 학습자의 프라이버시를 침해할 수 있는 위험도 존재한다. 특히 미성년 학습자의 경우, 이들의 데이터를 어떻게 보호하고 관리할 것인지에 대한 제도적 보호 장치가 필요하다.

교육의 '인간적 측면'을 잃지 않는 것도 중요한 과제다. 그래서 교사의 '하이터치'적 측면을 강조하기도 한다. 학습 분석학은 교육을 더욱 과학적이고 효율적으로 만들어 주지만, 동시에 교육을 지나치게 기계적이고 수치화된 것으로 만들 위험도 있다. 교육의 본질적 가치인 인성 발달, 창의성 함양, 비판적 사고력 증진과 같은 질적인 측면들은 단순한 수치로 환원될 수 없다. 이러한 요소들을 어떻게 학습 분석학 속에 통합시킬 것인가는 매우 큰 과제다.

더불어 '디지털 격차(digital divide)' 문제도 중요하다. 학습 분석학은 안정적인 기술 인프라가 동반되어야 신뢰 있게 작동할 것이다. 인터넷 속도뿐만 아니라, 보급 기기 성능, 심지어 학생의 데이터 리터러시도 중요하다. 어느 하나라도 어긋나면 이는 바로 또 다른 격차를 불러올 수 있다. 이러한 격차 문제를 정책과 제도, 그리고 교사들이 함께 풀어 나가야 할 것이다.

교육의 본질을 잊지 말자

AI 디지털 교과서 시대의 성공적인 정착을 위해서는 교육의 본질에 대한 깊은 성찰이 반드시 동반되어야 할 것이다. 데이터와 알고리즘이 지배하는 교육 환경 속에서도 교육의 궁극적 목적인 '전인적 성장', '인간다움의 실현'을 잊지 말아야 한다. AI 디지털 교과서는 이러한 교육의 본질을 실현하기 위한 '도구'이지, 그 자체가 '목적'이 되어서는 안 될 것이다.

참고문헌

조일현 외(2019). 『학습분석학의 이해』. 박영스토리.

06
AI 이해 교육을 위한 도구들

AI 이해 교육은 학교에서는 정보 · 컴퓨터 교육의 영역에 해당한다. 초등에서는 실과, 중등은 정보 교과목이 담당하고 있다. 기존 소프트웨어 교육에서는 블록 코딩 도구인 스크래치와 엔트리가 주로 활용되었다. 이와 연계하여 AI 이해 교육을 위해서는 주로 머신러닝포키즈, 구글 티처블머신 등과 같은 기계 학습 도구들이 함께 활용되고 있다. 대표적으로 쓰이는 도구들의 활용법에 대해서 간단히 살펴보자.

AI와 야구?

머신 러닝의 원리 이해

AI 분야에서 컴퓨터에 지능을 만들어 주는 방법론을 다루는 것이 바로 '기계 학습(또는 머신 러닝, Machine Learning)'이다. 지도 학습, 비지도 학습, 강화 학습과 같은 다양한 방법들이 있으나, 이해 교육에서는 기본적으로 지도 학습(supervised learning)에 대한 이해를 출발점으로 삼는다.

지도 학습 방법의 대표적인 예로, 개와 고양이 사진을 구분할 수 있는 AI 모델을 만드는 것이다. '개(dog)'라고 레이블링(labeling)한 사진 20장과 '고양이(cat)'라고 레이블링한 사진 20장을 구분하여 컴퓨터에 제시해 주고 이를 학습시키면 개와 고양이를 구분할 수 있는 지능이 생기게 된다. 이러한 지도 학습 원리를 쉽게 교육하기 위해 '머신러닝포키즈(ML4K, Machine Learning for Kids)'가 대표적으로 활용된다.

머신러닝포키즈

영국에서 개발된 ML4K는 세계적으로 가장 유명한 머신 러닝 교육 사이트다. 주로 초등학교 저학년을 교육 대상으로 두고 있다. 그리고 다양한 언어로 번역되어 제공되기에 활용도 쉽다. 샘플 데이터 세트의 종류도 매우 다양해 아무런 학습 데이터가 준비되지 않은 상황에서도 즉각 수업할 수 있다. 그래서 머신 러닝 이해 교육의 가장 첫 번째 도구가 보통 ML4K다.

제공되는 샘플 데이터 세트는 15개 정도가 있고, 유형별로 이미지, 텍스트, 숫자가 있다. 이미지 데이터 세트로는 '고양이와 개'가 대표적으로, 이것으로 고양이와 개 이미지를 구분하는 모델을 만들 수 있다. 텍스트 데이터로는 '영국 신문의 헤드라인'이 대표적이고, 헤드라인 문체만 보고 어느 신문사인지 예측하는 모델을 만들 수 있다. 숫자 데이터는 '타이타닉호 생존자'가 대표적으로, 실제 승객들의 사망 · 생존 결과 데이터를 학습하여 승객의 생존 가능성을 예측하는 모델을 만들 수 있다.

이 중 이미지 데이터에 대해 살펴보자. 이미지 데이터 세트 샘플로 제공되는 학습 데이터는 개와 고양이 사진 각 20장이다. 이를 클릭 한 번으로 훈련시킬 수 있다. 훈련된 모델이 실제로 잘 작동하는지를 '그림 그리기로 테스트하기', '웹캠으로 테스트하기', 혹은 '인터넷 자료로 테스트하기'를 통해 검증해 볼 수 있다.

그림 그리기로 테스트를 하면, 학생들은 마우스로 개와 고양이를 그려 보면서 자신의 그림 실력을 진지하게 테스트해 보기도 한다. 웹캠으로 테스트하기는 실제로

그림 6-1. '핏불 고양이' 사진

고양이와 개를 데리고 있지 않는 이상 활용할 일이 없다. 그러나 학생들은 재미로 자신의 얼굴이 강아지상(相)인지, 고양이상인지 테스트해 보기도 한다.

단순히 이렇게 성능 테스트 및 도구 체험만 하고 수업이 종료되면 조금 아쉬울 것이다. 필자가 실제로 중학교 1학년을 대상으로 디지털 새싹 캠프에서 이 수업을 할 때는 수업 마지막에 그림 6-1의 사례를 꼭 진행했다.

'인터넷 자료로 테스트하기'를 통해, 인터넷 커뮤니티

레딧(Reddit)에서 이슈가 된 '핏불 고양이(pitbull cat)'의 사진을 '복사-붙여 넣기'를 하여 테스트해 본다. 이 핏불 고양이는 핏불테리어와 함께 자라 와서 마치 자신이 핏불인 양 근엄하게 서 있는 모습으로 유명해졌다. 실제로 이 사진을 넣어 보면 '개'로 판별될 때가 자주 있다.

이를 바탕으로 학생들에게 왜 이런 결과가 나왔는지 질문을 던져 보기도 한다. 그러면 학생들은 단순히 체험만 하고 학습을 끝내는 것이 아니라, AI 모델의 한계와 데이터의 중요성에 대해 많은 생각을 해 볼 수 있을 것이다.

구글 티처블머신

티처블머신(Teachable Machine)은 구글(Google)에서 제공하는 손쉬운 머신 러닝 제작 도구다. ML4K와 달리 샘플 데이터를 제공하지는 않는다는 단점이 있으나, 학습된 모델을 직접 가져다가 다른 데에 쓸 수 있도록 해 주기 때문에 확장성 측면에서 장점이 크다. 초등부터 중등까지 AI 이해뿐만 아니라 AI 활용 수업에서도 정말 다양한 방법으로 활용되는 대표적인 도구다.

처음은 '이미지 프로젝트', '오디오 프로젝트', '포즈 프로젝트' 중에 하나를 선택해서 시작한다. 대부분 '이미지 프로젝트'로 시작할 것이다. 간혹, AI 활용 교육 측면에서 음악 교과와 관련하여 '오디오 프로젝트'를, 체육 교과와 관련하여 '포즈 프로젝트'를 활용하는 경우도 있다.

샘플 데이터 세트를 제공하지 않기 때문에, 수업을 위해서는 데이터를 미리 준비해 놓아야 한다. 이미지 자료는 다양한 방법으로 수집할 수 있다. 직접 웹캠으로 연속 촬영을 한다거나, 필요한 이미지를 인터넷에서 찾아서 내려받는 방법이다. 정보 교과와 연계한다면, 웹 크롤링을 활용하여 수십 장의 이미지를 자동으로 긁어 오는 방법도 고려해 볼 수 있다.

나와 닮은 연예인 찾기 수업

필자가 중·고등학생 대상으로 디지털 새싹 캠프에서 티처블머신을 활용한 머신 러닝 이해 수업을 진행했을 때 가장 반응이 좋았던 수업 모듈이 '나와 닮은 연예인 찾기'였다. 자신과 닮았다고 생각되는 연예인 세 명 정도를 선택하여 이들의 사진 데이터를 AI에 학습시킨 뒤 학생 본인의 얼굴을 넣어 어느 연예인을 닮았는지 판별해 보는 수업이었다.

학생들의 동기 유발을 위해 "선생님은 누구 닮은 것 같나요?"라고 질문을 던져 보았다. 어느 학생이 "빠니보

틀이요"라고 말했을 때 다른 학생들이 깔깔대던 장면이 떠오른다. "선생님이 20대 때 연예인 닮았다는 말을 종종 들었는데, 세 명 정도 들어 봤습니다. 자, 영화배우 남궁민, 2AM의 임슬옹, 그리고 SG워너비의 이석훈이죠"라고 자신 있게 말해 줬다.

일단 그 연예인들의 사진 데이터가 최소 10장 정도씩은 필요하다. 이러한 사진들은 미리 준비해 두고 학생들에게 어떻게 티처블머신으로 만드는지 시범을 보여 준 후 활동 시간을 줘 보자.

학생들에게 자신이 닮았다고 생각되는 연예인을 세 명 골라 보라고 한다. 진행이 더딘 학생들을 위해 요즘 인기 있는 아이돌이나 유명 배우들의 사진 데이터를 교사가 미리 준비해 두면 좋다. 나는 남학생들을 위해서는 송강, 차은우 등을 준비했고, 여학생들을 위해서는 장원영, 카리나, 윈터 등을 준비했다.

대부분은 직접 자기가 원하는 연예인 사진을 찾고 싶어 한다. 이를 위해 구글 이미지 검색 등으로 사진 파일을 하나하나 모으는 방법이 있다. 그러나 이는 시간이 매우 많이 소요된다. 대안으로 이미지 스크래퍼(image scraper)를 활용하면 데이터 크롤링처럼 자동으로 인터넷의 이미지를 긁어 올 수 있다. 이 코드들은 인터넷에서 구글

코랩(Colab)의 형태로 어렵지 않게 찾아볼 수 있다.

각자 원하는 연예인 세 명 정도의 사진을 10장에서 20장씩 확보한 뒤, 조별 활동이나 짝 활동으로 결과를 공유해 보게 했다. 학생들이 그렇게 시끄러운 줄 몰랐다. 구석에서 어느 학생이 외쳤다. "야! 나 카리나 100%! 미쳤다!"

자율 주행 AI의 딜레마, 모럴머신

모럴머신(Moral Machine) 사이트는 자율 주행 AI와 관련된 윤리 문제를 직관적으로 이해하고 고민해 볼 수 있게 해 주는 유명한 툴이다. 매사추세츠 공과 대학교(MIT, Massachusetts Institute of Technology)에서 제공하고 있으며, 다양한 언어로 서비스된다. 흔히 '트롤리 딜레마(Trolley Dilemma)'라고 불리는 윤리학의 사고 실험 문제를 학생들과 함께 토론해 볼 수 있다.

13문제가 양자택일 방식으로 제시된다. 매우 다양한 요인들이 복잡하게 얽혀 있다. 횡단보도의 신호등 유무, 무단 횡단 여부, 성별, 나이, 직업, 비만 여부 등 다양한 요인들을 고려하여 어느 쪽을 살리는 것이 더 나은 선택인가에 대해 사용자가 직접 응답하게 된다. 사용자마다 각 문제의 내용이 달라진다. 학생들에게 각자 풀어 보게

할 수도 있고, 교사와 학생이 함께 문제를 하나하나 풀어가며 토론식으로 진행할 수도 있다. 끝까지 다 응답하면 자신의 응답 데이터를 연구진에게 보낼 것인지 묻는다.

이를 중학교 2학년 학급과 함께 진행했던 적이 있었는데, 아직도 기억에 남는 문제가 있다. 노인과 강아지 중에 어느 쪽을 살릴지 선택해야 하는 상황이었는데, 중학교 2학년 학생들이 대부분 강아지를 살린다고 했었다. 그 이유를 묻자 "할아버지는 살 만큼 사셨잖아요"라고 대답하던 학생들에게 내가 뭐라고 설명해야 할지 난감했던 기억이 난다.

이 수업에서 반드시 함께 설명해 줘야 하는 자료는 2018년 논문인 "모럴머신 실험(The Moral Machine experiment)"이다. MIT 연구진들은 모럴머신 사이트를 통해 233개국 4천여만 명의 자료를 수집했다. 그 분석 결과를 간단히 소개하면 다음과 같다. 통계적으로 사람이 살리고자 하는 개체는 유모차, 여자아이, 남자아이, 임산부 순이다. 반대로 가장 낮은 선택을 받은 개체는 고양이, 범죄자, 개 순이다. 심지어 범죄자는 개만도 못한 순위다. 또한 대륙별로도 응답 경향이 달랐는데, 동양, 서양, 남미권으로 나뉘어서 분석된 결과도 보고되고 있다.

이 논문과 함께 학생들에게 다음과 같은 질문을 던진

다. "자율 주행차 앞에 유모차, 임산부, 어린아이들이 갑자기 지나갑니다. 핸들을 꺾어 살려야 합니까?" 그러면 학생들이 대부분 끄덕거리거나 "살려야죠"라고 대답할 것이다. 그것이 누가 봐도 보편타당한 선택이기 때문이다.

난 여기에 바로 다음과 같이 질문을 한다. "그런 차를 여러분은 사실 것인가요? 운전자 자신이 죽는데도요?" 학생들은 말을 잇지 못한다. 자율 주행차를 파는 회사들은 아마 운전자 생명을 최우선으로 하게끔 AI를 개발할 것이다. 이런 상황을 개발자 윤리 문제와 관련지어 학생들과 논의해 보는 것도 좋다.

참고문헌

구글 티처블머신. https://teachablemachine.withgoogle.com/

레딧 게시 글.
https://www.reddit.com/r/aww/comments/uta219/a_cat_who_thinks_hes_a_pit_bull_because_he_grew/

머신러닝포키즈. https://machinelearningforkids.co.uk

모럴머신. https://moralmachine.net

Awad, E. et al.(2018). The moral machine experiment. *Nature*, 563, pp.59-64.

07
AI 이미지 및 동영상 제작 도구들

이제는 누구나 AI로 그림을 매우 쉽게 그릴 수 있다. 상용화된 대부분의 챗봇 서비스에 AI 그림 모델이 통합되어 있기 때문이다. 전문 프롬프트 기법을 몰라도, 대충 무엇 무엇을 그려 달라고만 하면 어느 정도 잘 그려 준다. 그러나 전문적인 퀄리티의 AI 그림을 그리고자 한다면, 유료 서비스를 활용하거나 프롬프트 입력법에 대한 기본적인 이해가 필요하다. 현재 서비스 중인 다양한 AI 이미지 및 동영상 제작 도구들에 대해서 살펴보자.

AI와 윤동주?

초보를 위한 챗GPT와 제미나이

우리가 가장 손쉽게 사용할 수 있으며 접근성이 뛰어난 '텍스트 투 이미지(text-to-image, 문장을 입력하면 그림을 자동으로 그려 주는 기술)' 도구는 '챗GPT(Chat GPT)'와 '제미나이(Gemini)'다. 사이트에 접속하여 텍스트 투 이미지 방식으로 사용할 수 있다. 챗GPT에는 '달리(DALL · E 3)'가 통합되어 있고, 제미나이에는 '이마젠(Imagen 3)' 모델이 통합되어 있다.

그림 AI 모델이 챗봇 서비스에 통합이 되어 있기 때문에 초보자에게 매우 편리하다. 초보자가 텍스트 프롬프트 입력법에 대한 사전 지식 없이도 대충 "뭐 뭐 그려 줘"라고만 요청하면 어느 정도 안정적인 수준의 퀄리티로 그림을 그려 줄 수 있기 때문이다. 다만 한글을 바로 알아듣는 것은 아니고, 중간에 AI가 영어 프롬프트로 번역해 집어넣는 방식이기는 하다.

프롬프트 입력법

텍스트 투 이미지 모델 초창기에는 '프롬프트 입력법'에 대해서 전 세계 사용자들이 서로 그 비법을 공유하고는 했다. 이러한 비법서는 공식 문서는 아니고, '달리 프롬프트 북'이나 '스테이블 디퓨전 프롬프트 북'과 같은 이름으로 쉽게 찾아볼 수 있다.

프롬프트는 기본적으로 영어로 입력한다. 뼈대가 되는 기본 문장을 입력하고, 그 뒤에 수많은 다양한 '수식어(modifier)'들을 키워드 형태로 콤마로 구분하여 입력하는 것이 정석으로 알려져 있다. 간단한 예를 들어 보겠다. 머릿속으로 상상한 장면을 기본 뼈대 문장으로 표현해 보자. 명사, 형용사, 동사가 쓰일 것이다.

만약 '귀여운 토끼가 뛰어다니는 모습'을 그리고 싶다고 가정해 보자. 기본 뼈대 문장은 명사(a rabbit), 형용사(cute), 동사(run on the ground) 정도가 될 것이다. 이것을 하나의 어구로 표현하면 다음과 같이 작성할 수 있겠다.

a cute rabbit running on the ground

이제 여기에 수식어들을 붙여 보자. 프롬프트 북을 참고하여 화풍, 시점, 조명, 구도, 느낌 등등 다양한 수식어를 추가할 수 있다. 실제 사진 스타일로 그리고 싶어서(photo realistic), 조명은 해 질 녘을 표현하고 싶어서(golden hour), 시점은 뒷모습을 보고 싶어서(back view), 보다 나은 이미지 해상도를 얻고 싶어서(4K나

그림 7-1. 제미나이로 생성한 이미지

enhanced) 위 프롬프트에 다음과 같이 수식어들을 추가해 봤다.

a cute rabbit running on the ground, photo realistic, golden hour, back view, 4K, enhanced

그림 7-1이 그 결과물이다.

매일 새로운 도구가 등장한다

초보를 벗어나 보자. 다양한 사이트들을 찾아 도전해 보

자. 구글(Google)의 이미지 모델 이마젠 3를 제미나이에서 쓸 수도 있지만, 이미지FX(ImageFX)에서 조금 더 고급적인 방법으로 쓸 수 있다. 꼭 방문해 보자. 특히, '시드(seed)'를 고정하여 쓰는 법을 알아 두자. 시드는 이미지가 생성되었을 때 그 특정 스타일에 대한 고정된 ID를 말한다. 프롬프트를 조금씩 수정해 가면서 정교화하고 싶은데 이미지가 생성될 때마다 조금씩 디테일이 바뀌어 버리는 것을 방지하고자 한다면, 시드 값을 고정해 두고 프롬프트를 조금씩 수정하면 된다. 원하는 이미지 모습으로 점차 정교화할 수 있다.

이제 재미가 붙었다면 바다로 나가 보자. 전 세계 개발자들이 개발한 이미지 AI 모델들을 공유해 주는 사이트가 있다. 허깅페이스(Hugging Face)에 접속하면 공개되어 있는 최신의 다양한 AI 모델들을 모두 볼 수 있고, 클라우드로 조금씩 테스트해 볼 수도 있다. 이미지 생성 AI 중에는 플럭스원(FLUX.1)이나, 미드저니(MidJourney), 스테이블 디퓨전(Stable Diffusion) 등과 같은 모델들을 조금씩 테스트해 볼 수 있으므로 익숙해져 보자.

최근에는 텍스트 프롬프트를 최소화하려는 방식으로 진화하는 듯하다. 텍스트 프롬프트를 최소화하고 이미지 위주로 새로운 이미지를 생성하는 방식도 가능하다.

구글의 '위스크(Whisk)'는 피사체, 장면, 스타일 각각의 이미지를 합성하는 방식으로 새로운 이미지를 만들어 줄 수도 있다. 매일 새로운 AI 그림 도구들이 나오니 관심을 가져 보자. 아는 만큼 보이는 법이다.

AI 동영상의 시대가 열리다

2024년은 AI 동영상, 즉 '텍스트 투 비디오(text-to-video)' 모델들이 홍수처럼 쏟아져 나온 시기로 기록될 것이다. 새로운 기술은 아니었다. 필자의 기억으로는 2023년 여름, 런웨이(Runway)의 '젠-투(Gen-2)'와 같은 모델이 상용화된 뒤로 텍스트 투 비디오 모델들이 제법 많이 등장했다. 그러나 그 절대적 퀄리티는 여전히 조잡했다.

2024년은 마치 특이점이 온 것처럼 한 해 내내 다양한 개발사들의 텍스트 투 비디오 모델이 선보여졌다. 그리고 2025년 2월 현재, 겨우 한 달 동안 텍스트 투 비디오 모델들이 엄청난 성능 향상이 일어난 것으로 보고된다. 일단 1년 전으로 돌아가서 2024년 2월의 이야기부터 시작해 보겠다.

2024년 레이스의 첫 포문은 2월, 오픈AI(OpenAI)가 열었다. 텍스트 투 비디오 모델 '소라(SORA)'의 데모 영상을 공개했다. 당시 엄청난 충격이었다. 기존 경쟁 모델들과 비교했을 때 그 퀄리티가 너무 압도적이었기 때문이다. 다들 "역시 오픈AI야"라고 치켜세웠었다.

불과 두 달 후인 2024년 4월에는 마이크로소프트(Microsoft)의 '바사-원(VASA-1)' 데모 영상이 공개되었다. AI 휴먼 아바타 기술로 실제 사람의 증명사진을 업로드하고 녹음된 음성 파일이나 스크립트를 제공해주면, 너무나 자연스러운 립싱크가 출력되는 그러한 기술이었다. 물론 과거에도 비슷한 유형의 기술은 있었으나 립싱크의 어색함이 항상 있었는데, 바사-원은 어색함이 거의 없었다. "이야. 진짜 티 안 난다"라고 감탄했던 일이 떠오른다.

2024년 여름, 런웨이는 1년 만에 '젠-스리 알파(Gen-3 Alpha)'로 재무장하여 돌아왔다. 기존 '젠-투'보다 훨씬 향상된 성능이었다. 이 상용화된 서비스는 제법 알려져 있던 젠-투의 후속작이었기에 엄청난 속도로 확산되었고, 필자도 재미로 써 봤다.

2024년 8월 15일 광복절에 JTBC 뉴스에는, 유관순 열사와 안중근 의사가 만세를 하는 동영상이 보도되었다. 유튜버 하일광 씨의 콘텐츠를 뉴스에서 소개한 것이었다. AI 전문가가 아닌, 콘텐츠 제작자들이 상용화된 도구를 활용하여 콘텐츠를 재생산하는 사례를 쉽게 볼 수 있다.

2024년 10월, 메타(Meta) 역시 텍스트 투 비디오 모델 '무비젠(MovieGen)'의 데모 영상을 공개하며, 대부분의 AI 선도 기업들이 수준 높은 AI 동영상 모델을 보유하고 있음을 알렸다. 애니메이션 특수 효과 전문 '피카랩스(Pika Labs)'도 Pika 1.0에서 1.5로 업그레이드되며 매우 자연스러운 AI 동영상 제작을 가능케 했다. 이러한 서비스로 만든 영상들은 쇼트 폼 콘텐츠를 통해 매우 빠르게 우리 주위에 퍼져 나갔다. 당시 여섯 살 아들이 보던 유튜브(Youtube) 쇼츠에서도 보였으니 말이다.

그러나 대기업인 오픈AI의 '소라'나 메타의 '무비젠' 모델들은 상용화 서비스를 개시하지 못하고 있었다. 여러 규제로 인해 출시가 늦어지는 듯 보였다. 그 틈새시장을 파고든 것이 중국발 AI 모델들이었다. 매우 빠르고 강력하게 등장했다.

특히, 중국의 '하이루오(Hailuo) AI'는 매우 빠르게 확산된 도구 중 하나다. 무료 사용자들도 매우 쉽고 빠르게 AI 영상을 만들 수 있었다. 당시 블랙핑크 로제와 브루노 마스가 부른 노래 '아파트'의 패러디 영상, TV 유명 예능들의 패러디 영상, 〈오징어게임 2〉의 패러디 영상, 쇼츠와 릴스의 많은 AI 영상들이 모두 중국의 하이루오 AI로 만들어졌다. 중국 AI가 매우 빠르게 고도화되어 가고 있던 것이 느껴졌다.

2024년의 마지막 달인 12월, 오픈AI의 '소라'가 드디어 정식 출시됐다. 챗GPT 유료 사용자라면 누구나 쉽게 소라 사이트에서 한글 프롬프트로 영상을 만들 수 있다. 스토리보드 등의 기능으로 쇼트 폼 콘텐츠도 매우 쉽게 만들 수 있게 되어 있다.

몇 달 후인 지금, 2025년 2월 기준으로 살펴보면 AI 동영상 모델의 퀄리티는 무시무시할 정도로 올라섰다. 사실 모르고 보면 티가 안 난다. 앞에서 설명했던 런웨이, 하이루오의 모델 말고도, 클링(Kling), 루마(Luma) 등의 모델도 매우 유명하다. 다양한 모델들이 하루가 멀다 하고 등장하고 있다. 아마 2025년 말이 되면 AI로 만들어낸 영상과 현실이 구분되지 않을 수도 있겠다.

참고문헌

구글 위스크. https://labs.google/fx/ko/tools/whisk

구글 이미지에프엑스. https://labs.google/fx/ko/tools/image-fx

달리 프롬프트 북.
https://dallery.gallery/the-dalle-2-prompt-book/

미드저니. https://www.midjourney.com

소라. sora.com
스테이블 디퓨전 프롬프트 북. https://openart.ai/promptbook
제미나이. gemini.google.com
챗GPT. chatgpt.com
허깅페이스. https://huggingface.co/
JTBC News(2024.8.15). 광복 소식 전해 드리자 "만세!" … 독립운동가 AI 영상 '울컥'. JTBC 뉴스룸, https://www.youtube.com/watch?v=B_D6LpHVnnc

08
수업 준비와 개발을 위한 AI 도구들

교사의 수업 준비와 개발을 위해서 개발된 것은 아니나, 생산성 향상의 측면에서 AI 서비스를 교사 수업을 돕는 용도로 활용할 수 있다. 사실 가장 많이 쓰이는 챗GPT는 미뤄 두었다. 이번 장에서는 그 외의 다양한 AI 도구들을 살펴본다. 전반적으로 생산성을 증진할 목적으로 활용된다. 이제 더는 교사 혼자서 하나부터 열까지 다 해야 하는 시대가 아니다. 내가 할 것은 내가 하고, 도움을 받을 수 있는 부분은 과감히 도움을 받으면 된다.

AI와 한의학?

AI 기반 검색, 퍼플렉시티

퍼플렉시티(Perplexity)는 꽤 많이 알려진 도구다. AI 기반으로 검색을 도와주는 서비스이고, 서비스적으로 제법 고도화되어 있어 앞으로도 잘 사용하면 좋을 1순위 툴 중 하나다. 자료 검색을 할 때, 인터넷 검색 결과를 AI가 알아서 잘 정리해 주는 도구라고 이해하면 되겠다. 기본적으로 무료로 활용할 수 있고, 심화 기능을 활용하거나 사용량을 늘리려면 월 20달러의 유료 구독을 해야 한다.

'챗GPT(ChatGPT)로 검색하면 되는 거 아냐?'라는 의문이 생길 수도 있다. 그러나 GPT는 사전 학습된 언어 모델이며, 이는 필연적으로 환각 효과가 동반된다. 따라서 AI의 답변에 오류가 있을 확률을 항상 경계해야 한다. 이러한 한계를 보완하기 위해 'AI 기반 검색 서비스'가 등장하기 시작했다. 사전 학습된 지식을 기반으로 답변하는 것이 아니다. 인터넷 검색 결과를 요약해서 '정말 잘' 제시해 준다.

이러한 서비스 형태는 이미 우리 주위에 적용되어 있다. 구글(Google) 검색을 하면, 'AI 개요'로 검색 결과가 요약되기도 한다. 이러한 검색 요약을 고도화된 서비스로 제공하고 있는 것이 퍼플렉시티의 핵심 기능이다. 챗GPT도 2024년 11월부터 검색 전용 기능(SearchGPT)을 내장해 두었다. 바야흐로 구글에서 AI 검색으로 전환되는 시작점인 것이다.

퍼플렉시티 무료 버전에 사용되고 있는 AI 모델은 GPT-3.5를 기반으로 개발되었다고 알려져 있다. 유료 구독을 하면 라마(Llama)를 기반으로 한 소나(Sonar), GPT-4o, 클로드(Claude) 모델군 등 다양한 외부 모델들을 선택하여 쓸 수 있다. 최근 중국의 딥시크(DeepSeek) 모델도 퍼플렉시티에서 쓸 수 있게 업데이트되었다.

프레젠테이션 제작 자동화, 감마

감마(Gamma)도 꽤 잘 알려진 도구다. AI 기반 프레젠테이션 제작 도구다. 간단한 프롬프트 입력으로 손쉽게 프레젠테이션을 생성할 수도 있고, PDF 등으로 텍스트 내용을 주고 그대로 프레젠테이션 형식으로 디자인할 수도 있다. 전자의 방식은 환각과 같은 위험성이 있으나, 후자의 방법은 텍스트 내용을 요약하고 이를 프레젠테이션으로 바꾸는 작업이어서 상대적으로 선호되는 방식이다.

수업 교재 텍스트가 PDF로 있다면 그것을 업로드하여 프레젠테이션으로 변환시켜 보자. 매우 빠르게 수업에 쓸 프레젠테이션 자료를 디자인할 수 있을 것이다.

프레젠테이션에 삽입될 이미지 자료도 AI로 손쉽게 제작해 준다. 이미지 자료를 웹상에서 가져오는 것은 저작권 위반의 소지가 크다. 따라서 기존에는 무료 라이선스 이미지를 힘겹게 찾아다녀야 했다. 이제는 AI로 알아서 '뚝딱' 만들어지게 하는 시대다.

교사가 감마를 사용하여 수업 교안을 준비하는 것에 대해서 교사 스스로 크게 문제 삼을 소지는 없는 것 같다. 나 또한 교수자 입장에서 감마 사용에 큰 거부감은 없다. 단, 감마의 디자인이 선호하는 스타일이 아니어서 직접 마이크로소프트(Microsoft)의 파워포인트(PPT)로 만드는 것일 뿐이다. 만약 내가 새롭게 제작해야 하는 프레젠테이션에 대해 아이디어가 부족할 때 감마는 충분히 도움이 될 것으로 생각된다. 감마로 기본 레이아웃을 잡아 보고, 이를 나의 PPT 디자인에 적용해 보는 방식으로 말이다. 이는 수업 자료 디자인 및 제작 과정에서 AI가 충분히 효율적인 도움을 줄 수 있다는 의미다.

만약 학생들이 감마를 사용해서 발표 수업을 한다면 교사는 어떤 생각과 느낌이 들까? 곰곰이 상상해 보자. 아마 썩 유쾌한 기분이 아닐 수도 있다. 왜 그럴까?

필자는 학생들에게 발표 수업과 같은 과제를 내 줄 때, 감마와 같은 AI 기반 프레젠테이션 제작 도구로 제작하지 말 것을 당부한다. 왜냐하면 교수자인 나는 학생들이 자료를 검색하고 학습하여 발표 자료로 재구성하는 과정에서 학습이 일어난다고 믿기 때문이다. 그 중간 과정을 AI에게 전적으로 맡겨 버린다면, 내가 의도한 학습이 일어나지 않는다고 생각한다.

물론 나의 이러한 생각도 바뀔 가능성이 있다고 항상 생각한다. 학생들에게 일어나는 학습에서 어느 부분이 중요할까? 시간 잡아먹는 '발표 과제'가 과연 바람직한 과제인지 늘 고민이 된다.

과거에 대학 교수님들이 과제 보고서를 컴퓨터로 작성하지 못하게 하고, 펜으로 종이에 쓰게 하는 경우가 있었다고 한다. 손으로 직접 써야 공부가 된다고 믿으면서 말이다. 그때와 같은 과정일 수 있겠다는 생각이 들기도 한다.

시각화는 이제 AI에게 맡겨, 냅킨 AI

프레젠테이션을 제작하다 보면 텍스트 내용을 효과적으로 시각화해야 할 때가 있다. 예를 들어, 절차나 시간적 순서를 설명해야 할 때는 순서도를 그려야 한다. 개념을 설명하거나 비교 · 대조를 할 때는 각종 도형을 적절하게 그려야 한다. 이를 PPT에서 제작하기에는 영 시간이 아깝기도 하다.

'이미지 AI 모델로 그리면 되는 거 아닌가?'라고 생각할 수도 있다. 그러나 대부분의 이미지 AI 모델은 이러한 도형, 다이어그램을 잘 그리지 못한다. 인물, 풍경, 동물, 정물 등을 그리는 용도다. 따라서 도형과 다이어그램같이 시각화 용도로 개발된 AI를 찾아서 써야 한다. 이 목적으로는 '냅킨(Napkin) AI'가 매우 잘 알려져 있다.

냅킨 AI 사용법은 매우 간단하다. 시각화하고 싶은 텍스트 내용을 직접 입력하거나 '복사-붙여 넣기'를 한다. 아직 베타 버전이라 파일 업로드 기능은 지원하지 않는다. 텍스트를 시각화하고 싶은 만큼 한 문단으로 뭉쳐 놓고, 그 문단을 마우스로 가리키면 시각화 버튼이 뜬다. 클릭하면 해당 텍스트의 맥락에 맞는 시각화 자료가 추천될 것이다.

클로드 3.7의 강력한 시각화 기능

집필 시점인 2025년 2월 말, 클로드 3.7 소네트(Claude 3.7 Sonnet)가 공개되었다. 챗GPT처럼 생성형 AI 챗봇 서비스인 클로드는 '아티팩트(Artifacts)'라는 기능이 차별점이다. AI가 독립적인 콘텐츠를 만들어 주는 것이다. 주로 자바스크립트(JavaScript)를 활용하여 코드로 순서

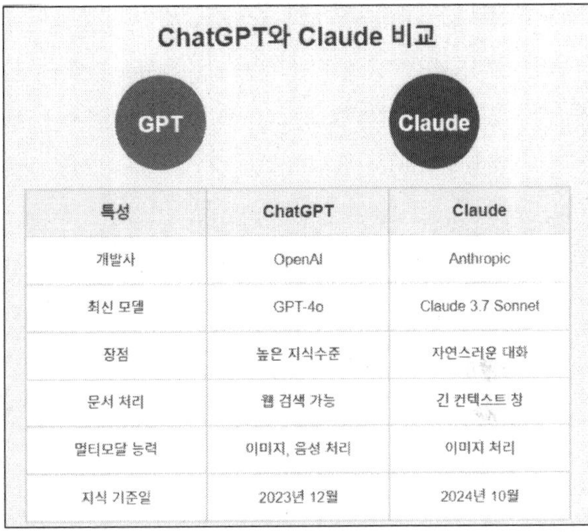

특성	ChatGPT	Claude
개발사	OpenAI	Anthropic
최신 모델	GPT-4o	Claude 3.7 Sonnet
장점	높은 지식수준	자연스러운 대화
문서 처리	웹 검색 가능	긴 컨텍스트 창
멀티모달 능력	이미지, 음성 처리	이미지 처리
지식 기준일	2023년 12월	2024년 10월

그림 8-1. 클로드 3.7 활용 시각화 결과

도를 만들 수 있고 다양하게 응용할 수 있다. 최근 3.5에서 3.7로 업그레이드되면서 이 기능이 강화되었다. "챗GPT와 클로드를 비교하는 시각화 자료를 생성해 줘"라는 프롬프트로 시각화를 요청해 보았다. 코드로 시각화 자료를 그림 8-1과 같이 만들어 주었다.

학습 자료 정리가 필요할 땐, 노트북LM

구글은 검색 엔진 시장에서는 1위지만, AI 시장에서 1위를 할 일은 요원해 보인다. 그래서인지 서비스적으로 여러 빈틈을 공략하는 것 같다. 구글이 '노트북LM(NotebookLM)'이라는 문서 처리 서비스를 2023년 여름 공개했다. 한국에서는 2024년 6월 서비스가 시작되었고, 매우 빠르게 인기를 끌고 있다.

노트북LM의 기능은 그 서비스명에서 알 수 있듯이 언어 모델(LM, Language Model)을 활용하여, 사용자가 제시한 문서 파일에 대해 다양한 도움을 주는 서비스다. 교사가 다양한 학습자료들을 PDF, PPT, docx 파일로 소지하고 있다면, 이를 모두 올려서 다양한 도움을 받아 볼 수 있다. 내장된 제미나이(Gemini)와 채팅을 하면서 파일 내용에 대해 질문을 해 볼 수도 있고, '학습 가이드' 기능을 활용하여 1) 핵심 용어집 정리, 2) 객관식 10문제 출제, 3) 에세이 주제 제안 등의 도움을 즉각 받아 볼 수도 있다.

그리고 시그니처 기능이라고 할 수 있는 'AI 음성 개요'를 활용하여 문서 내용을 팟캐스트 형태로 변환해 라디오처럼 들어 볼 수도 있다. 현재 이 음성 개요 서비스는 영어로만 가능하다.

나의 분신을 만들어 보자, 헤이젠

'헤이젠(HeyGen)'은 매우 쉽게 쓸 수 있는 '디지털 휴먼 아바타' 제작 도구다. 디지털 휴먼 아바타란 AI 아바타, 딥페이크 페르소나(Deepfake Persona) 등으로 불리며, 사용자의 얼굴과 목소리를 딥러닝(deep learning)으로 학습시킨 아바타를 의미한다. 프로그램 설치 없이 웹사이트에서 직접 아바타를 제작하고, 이를 바탕으로 다양한 동영상 자료를 제작할 수 있는 강력한 도구다. 현재 무료로도 충분히 사용할 수 있으니 꼭 도전해 보자.

헤이젠의 주요 기능은 세 가지다. 첫 번째는 'AI 아바타'다. 사용자 본인의 얼굴과 목소리를 AI에게 학습시킨 후 이를 바탕으로 나의 분신을 만들 수 있다. 그리고 이를 활용해 내 얼굴과 목소리가 나오는 다양한 동영상 자료를 만들 수 있다. 내 아바타를 만들기 위해 사전에 2분 가량의 녹화 영상을 준비해 두면 좋다. 웹캠을 응시한 채 문장 단위로 또박또박 말하는 자연스러운 영상을 녹화한 후 이를 업로드하면 바로 제작된다.

두 번째는 '포토 아바타'다. 사용자가 자신의 증명사진 등을 업로드하여 TTS(text-to-speech)로 립싱크를 할 수 있는 기능이다. 'AI 아바타 기능'으로 내 목소리를 미리 학습시켜 놓으면 더 좋을 것이다.

세 번째는 'AI 번역'이다. 이는 녹화된 동영상을 업로드하여 원하는 언어로 즉각 번역할 수 있는 기능이다. 만약 교사의 2분짜리 한국어 동영상이 준비되어 있다면, 이를 업로드하여 원하는 외국어의 영상으로 번역을 할 수 있다. 동영상의 길이와 내용, 목소리는 그대로인데 언어만 바뀐다.

교사 연수에서 이를 경험한 교사분들은 다문화 학생을 대할 때 헤이젠이 매우 강력한 도구가 될 것이라고 입을 모아 얘기한다. 학교 현장의 다문화 학생 비율이 갈수록 높아져 교사와 학생 간의 의사소통이 매우 어려워지고 있다. 교사가 중국어, 베트남어, 러시아어 등 다양한 언어를 동시에 할 줄 안다면 조금이라도 학생들에게 도움이 될 수 있다.

물론 어느 선생님은 이렇게 비판하셨다. "학생들이 한국어를 할 수 있도록 해야지. 교사가 왜 한국말을 안 쓰고 그 학생들을 위해서 그 나라 언어를 해 줘야 합니까?" 틀린 말씀은 아니었겠다. 그러나 기술은 활용하기 나름이다. 교사 커뮤니티에서 건강한 토론이 이루어져 활용법이 많이 고안되면 좋겠다.

참고문헌

감마. gamma.app
구글 노트북LM. notebooklm.google
냅킨AI. napkin.ai
클로드. claude.ai
퍼플렉시티. perplexity.ai
헤이젠. heygen.com

09
교사 업무 효율화를 위한 AI 활용법

교사 업무에서 반복적인 작업을 보다 효율적으로 하기 위해서는 AI를 어떻게 활용해야 할까? 예를 들어 학생들의 생활기록부 작성 같은 업무를 할 때 AI에게 어떤 식으로 도움을 받을 수 있을까? 이와 같은 요구는 교사 커뮤니티에서 지속적으로 높아져 왔다. 이 장에서는 엑셀과 AI를 활용하여 반복 업무를 자동화하는 방안에 관해 설명한다. 또한 최근 대두되는 자동화 도구 메이크를 탐색해 본다.

AI와 화장품?

GPT야, 네 능력을 빌려주겠니?

GPT 모델을 사용하는 방법은 크게 두 가지다. 하나는 챗GPT(ChatGPT) 사이트에 접속하여 채팅을 해 보는 것이고, 다른 하나는 API를 활용하여 그 능력을 빌려다가 쓰는 것이다. 대부분 사용자는 전자의 방법만을 사용한다. 그러나 개발자 등의 고급 사용자들에게는 후자의 방법도 중요하다.

여기서 API는 '애플리케이션 프로그래밍 인터페이스(Application Programming Interface)'의 약자다. 이 기능을 쉽게 설명하면, 돈을 내고 기능을 가져다가 쓰는 것이다. 즉, GPT의 능력을 챗GPT 사이트에서만 쓰는 것이 아니라 내가 원하는 곳에서 쓰고 싶을 때 활용하는 방법이다. 예를 들어 엑셀(Excel) 작업을 하다가 '이 지루한 작업을 대신 해 주면 안 되나?'라는 생각이 들 때 API를 쓰면 좋다.

생활 기록부를 AI로

교사가 학생들의 생활 기록부를 작성할 때 AI의 도움을 받는다는 사실은 이제 놀랍지 않다. 2023년 초반에는 거부감이 있었으나 그해 여름을 지나면서 "AI를 활용해서 더 잘 써 줘야지"라는 여론으로 전환된 것 같다. 생활 기록부 작성 시즌이면 몇 달을 고생하는 고등학교 선생님들에게 AI는 가뭄에 단비 같은 존재였을 것이다. 이제는 수많은 교사 연수의 주제가 '챗GPT를 활용한 생활 기록부 작성법'일 정도로 보편화된 것 같다.

작성해야 할 생활 기록부가 20명 정도라면 챗GPT 사이트에서 하나하나씩 작업하면 된다. 그러나 만약 300명의 교과 세부 특기 사항을 작성해야 하는 경우라면? 300번을 입력해야 하는 것은 현실적이지 않다. 이런 반복 작업의 경우에 엑셀을 활용하면 매우 효율적으로 처리할 수 있다.

그런데 API는 유료다

엑셀에 GPT 기능을 쓰기 위해서는 아쉽지만 어느 정도의 사용료를 내야 한다. 오픈AI 개발자 포털 사이트(platform.openai.com)에 방문해서 신용 카드 등록도 해야 한다. 후에 사용량만큼 한 달 단위로 비용이 청구될 것이다.

API 키 발급은 간단하다. 'API Key' 메뉴에서 클릭 한 번이면 된다. 매우 긴 보안 문자열을 보여 주는데 잘 복사해 둬야 한다.

GPT의 API 사용 비용이 부담된다면 대안으로 제미나이(Gemini) API를 선택하는 방법도 있다. 구글 AI 스튜디오(aistudio.google.com)에서 무료로 발급받을 수 있다. 후술할 구글 익스텐션 및 사용 함수명만 다르고 나머지는 GPT나 제미나이가 거의 같다.

구글 스프레드시트에서 사용하자

필자는 마이크로소프트(Microsoft) 엑셀을 사용하지 않는다. 대신 구글 드라이브에서 쓸 수 있는 '스프레드시트(Google Sheets)'를 쓴다. 엑셀의 사용 과정이 상대적으로 복잡하고, 스프레드시트의 익스텐션 설치가 매우 간편하다는 이유에서다. 빈 스프레드시트를 열고, 상단 메뉴의 '확장 프로그램-부가 기능 설치하기'를 통해 관련 익스텐션을 검색해서 설치해야 한다. 아쉽게도 이러한 GPT 관련 익스텐션들은 2024년 1월쯤 대부분 유료화되었으니 참고하자.

기본 세팅 과정

GPT 관련 익스텐션으로는 유명한 것이 두 개 검색될 것이다. 둘의 기능은 대동소이하다. 하나를 설치하자. 설치 후 다시 상단 메뉴의 '확장 프로그램' 탭에 설치된 익스텐션을 열어서 우측 사이드바에 활성화해 두자. 그리

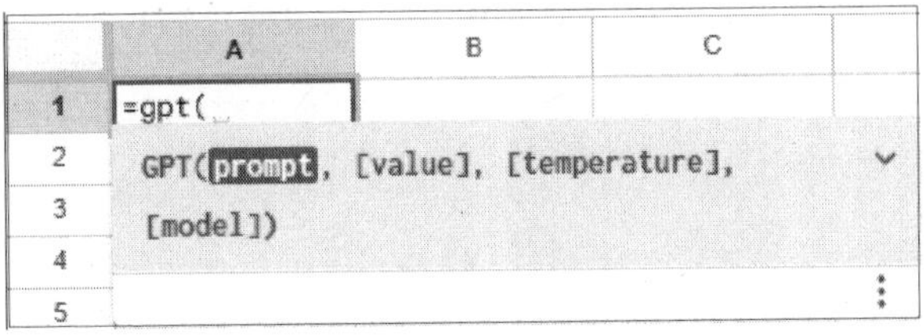

그림 9-1. GPT 함수식 도움말 창

고 앞서 발급받은 API 키를 붙여 넣을 수 있는 부분을 찾아서 넣어 준다. 그러면 준비 완료다.

A1 셀에 '=GPT'라는 함수식을 입력해 보자. 관련 도움말이 뜬다면 정상 작동하고 있는 상태다. 만약 제미나이 관련 익스텐션을 설치했다면 '=Gemini'를 타이핑하여 확인해 보면 된다. 함수식을 열어 보면 다음과 같은 네 가지 요소를 콤마로 구분해 입력할 수 있음을 확인할 수 있다.

첫 번째 요소인 'prompt'는 AI에 입력하는 사용자의 텍스트 명령어다. 함수식에 직접 텍스트를 입력하기 위해서는 큰따옴표(" ")로 앞뒤를 묶어 줘야 한다. 예를 들면 다음과 같이 말이다.

=GPT("대한민국 수도는 어디야?")

두 번째 요소인 'value'는 프롬프트 내용의 대상이 되는 정보다. '값'이라는 의미처럼 프롬프트의 목적이 되는 '값'을 의미한다. 교사 연수에서 이 개념을 이해시키기 위해 필자는 다음과 같은 예시를 든다. 프롬프트 A와 B의 차이점을 살펴보자.

A : 돼지고기와 양파를 갖고 만들 수 있는 레시피를 알려 줘.
B : 다음의 재료를 갖고 만들 수 있는 레시피를 알려 줘. 돼지고기와 양파.

A는 하나의 문장이고 B는 두 개의 문장이다. 여러 레시피를 반복 작업해야 하는 상황이라면 B와 같은 구조가 효율적이다. 첫 문장은 그대로 두고 뒤 문장의 재료만 바꾸면 되기 때문이다. B의 상황에서 앞 문장을 'prompt'에 두고 뒤 문장을 'value'에 두면 된다. 그렇다면 이렇게 입력을 하는 것이다.

=GPT("다음의 재료를 갖고 만들 수 있는 레시피를 알려 줘.", "돼지고기와 양파")

세 번째 요소는 'temperature'로, 이는 보통 '창의성'

을 결정짓는 변수다. 0에서 1 사이의 값을 가진다. 1에 가까울수록 보다 색다른 답변이 나올 확률이 높아진다. 우측 사이드바의 '디폴트 세팅(default setting)' 부분에서 'temperature' 기본값 설정이 가능하다. 기본값을 준용하려면 함수식의 세 번째 요소는 생략하자.

네 번째 요소는 'model'로, 사용할 언어 모델을 의미한다. 이것도 보통 우측 사이드바의 '디폴트 세팅' 부분에서 미리 지정할 수 있다. GPT-4o를 쓸지, o1을 쓸지 미리 설정할 수 있지만 비용 단가를 잘 생각해야 한다. 미리 지정해 뒀다면 함수식에서 네 번째는 생략할 수 있다.

자동화를 위한 데이터 테이블 구조 예시

레시피 추천 작업을 반복해야 한다고 가정해 보자. 레시피 다섯 개를 추천받는 가장 빠른 방법은 무엇일까? 'prompt'와 'value'를 나누어서 테이블 형태로 구조화하는 경우일 것이다. 'prompt'는 같을 것이고 'value'가 달라질 것이다. 이를 스프레드시트상에서 구조화해야 한다. 예시는 그림 9-2와 같다.

D2 셀에 GPT 함수식을 입력했다. 'prompt'에는 B2 셀의 값이 절대 참조로 들어갔다. 그리고 'value'에는 C2 셀의 값을 지정했다. 엔터 키를 쳐서 D2에 결괏값을 받

A	B	C	D
No.	Prompt	Value(재료)	레시피 결과
1	다음의 재료를 갖고 만들 수 있는 레시피를 알려줘.	돼지고기, 양파	=gpt(B2,C2)
2		소고기, 감자	
3		닭고기, 파프리카	
4		양고기, 고구마	
5		오리고기, 마늘	

그림 9-2. 레시피 추천 자동화 테이블 구조 예시

고, 나머지 D3~D6 셀에는 '채우기 핸들' 기능을 썼다. 셀의 오른쪽 아래 끝 모서리를 클릭 앤드 드래그하면 된다. 절대 참조인 B2 셀은 고정되고, C2 값이 C3, C4, C5로 바뀌어 입력될 것이다.

생활 기록부 작성에 응용해 보자

위의 방법을 학생 10명의 생활 기록부 '행동 발달 및 특기 사항' 부분 작성에 응용해 보자. 교사가 사전에 확보하거나 관찰한 자료를 토대로 그림 9-3과 같은 데이터 테이블을 만들어 두었다.

H2 셀에 들어갈 함수식은 어떻게 될까? 예시로 다음과 같이 만들어 볼 수 있다.

	A	B	C	D	E	F	G	H
1	이름	성별	성적	성격	교우관계	봉사활동	특이사항(교사의 한스푼)	행동발달 및 특이사항
2	김지현	여	A	친절함	좋음	20시간 이상	학교폭력 예방활동 참여하였음.	
3	이승우	남	B	낙천적	나쁨	20시간 이하	교과우수상을 받았음.	
4	박지영	여	C	외향적	평범	20시간 이상	리더십이 강함	
5	최성호	남	A	용감함	매우좋음	20시간 이하	리더십이 있음	
6	정미경	여	A	창의적	나쁨	20시간 이하	효심이 강함	
7	이준호	남	B	자신감	좋음	20시간 이상	조용하고 섬세함	
8	송지원	여	B	자유로움	평범	20시간 이하	창의력이 풍부함	
9	황영철	남	C	진취적	매우나쁨	20시간 이하	조용하고 소심함	
10	장지영	여	C	포용력	좋음	20시간 이상	학폭 징계가 있음	

그림 9-3. 생활 기록부 행동 발달 및 특기 사항 데이터 예시

=GPT("다음의 학생 정보를 바탕으로 고등학교 생활 기록부 행동 발달 부분을 작성해 줘. 문장의 끝맺음은 꼭 '~ 하였음' 등의 명사형으로 끝내 줘. 무조건 긍정적이고 발전 지향적으로만 작성해 줘. 300자 이상으로 작성해 줘. 다음의 성적, 성격, 교우 관계, 봉사 활동 정보를 바탕으로 작성해 줘.", C2:G2)

위의 함수식에서 'prompt' 내용은 큰따옴표로 묶어 직접 타이핑했다. 그리고 'value' 값으로 C2에서 G2의 범위 값을 지정했다. 이는 성적, 성격, 교우 관계, 봉사 활동 셀의 위치다. 이런 방식으로 'prompt'를 더 정교하게 꾸며서 만족할 만한 퀄리티의 답변이 나오도록 해 보자.

이후엔 학생이 300명이어도 소액의 비용만 쓰고 초안 작성을 3분 안에 끝낼 수 있다.

자동화의 끝판왕, 메이크

최근 '메이크(Make)'라는 자동화 도구가 조금씩 알려지는 것처럼 보인다. 주로 회사에서 쓰는 업무 자동화 도구지만, 몇몇 선도적인 교사분들이 이를 활용한 '결석계 자동화' 등의 다양한 아이디어들을 소셜 미디어를 통해 공유하고 있다. 2025년에는 메이크를 활용한 교사 업무 자동화 관련 연수가 인기가 있을 것 같다.

메이크는 주로 '구글 스프레드시트', '챗GPT', '노션(Notion)', '슬랙(Slack)', '캔바(Canva)' 등의 상용화 앱들을 조합하여 작업 프로세스를 자동화한다. 앞선 생활 기록부 예제를 메이크로 구현한다면, 구글 스프레드시트 입력을 챗GPT에서 작동시킨 후 다시 구글 스프레드시트로 응답받는 과정으로 흉내 내 볼 수 있겠다. 이는 메이크에서 매우 쉽게 가능하다. 관심 있는 교사라면 반드시 메이크를 활용해 보자.

참고문헌

구글 드라이브. drive.google.com

구글 에이아이 스튜디오. aistudio.google.com
메이크. make.com
오픈AI 개발자 플랫폼. platform.openai.com

10
챗GPT의 다재다능함, 그리고 표절

생성형 AI 챗봇 서비스 중 가장 대표적인 챗GPT에 대해 다룬다. 제미나이나 클로드, 그록 등 수많은 경쟁 모델이 있고 각각의 장점도 있으나, 챗GPT가 평균적으로 가장 앞선다. '딥리서치', '오퍼레이터' 등의 최신 기능들을 가장 먼저 선보이기도 한다. 어떤 기능들이 있는지 모두 살펴보자. 그리고 이를 교육 현장에서 활용할 때 고려해야 할 윤리적 문제에 대해서도 생각해 보자.

종교와 AI?

챗GPT의 의미

이 책이 챗GPT(chatGPT)의 활용서는 아니기에 사용법에 대한 설명은 최대한 피하려 한다. 대신 어떠한 기능들이 제공되고 있으며, 교사가 어떠한 상황에서 이를 보조적으로 활용할 수 있는지에 대한 생각을 나누고자 한다.

GPT는 오픈AI(OpenAI)가 개발한 AI 모델의 약칭(Generative Pre-trained Transformer)이다. 거대 언어 모델(LLM, Large Language Model)로 개발되었으나, 2023년 하반기에 이미지 모델이 통합된 멀티모달 모델(LMM, Large Multimodal Model)로 진화했다. 여러 경쟁 모델들도 대부분 멀티모달 모델이다.

GPT-3.5(2022년 11월 말)부터 상용화 서비스를 시작했다. GPT 모델은 약칭 'P'가 의미하는 것(사전 학습된)처럼 기본적으로 사전 학습된 지식을 기반으로 대답을 하나, 실시간 검색 기능으로 부족한 점을 보완한다. 이는 GPT-4.0(2023년 3월)부터 추가된 기능이다. 반년에서 1년 단위로 사전 지식 기간이 계속 업데이트되고 있음을 참고하자.

대화는 맥락이 중요

인간과 인간의 대화는 매우 효율적이게끔 진화해 왔다.

원시 수렵 사회에서는 눈빛과 손짓만으로도 통했으니 말이다. 지금도 서로 잘 아는 사이에서는 말 몇 마디만으로도 서로의 의중을 파악할 수 있다.

그러나 챗GPT와의 대화는 그렇지 못하다. 최대한 대화의 맥락을 내가 설정해 주어야 한다. 이 기능은 과거 GPT-4.0에서 '커스텀 인스트럭션(custom instruction)'이라는 유료 기능으로 도입되었다가 2023년 8월부터 무료 버전으로 바뀌었다. 지금은 화면 오른쪽 위 프로필 메뉴에서 'ChatGPT 맞춤 설정'을 클릭하면 된다. 여기서 대화의 맥락을 미리 지정해 둘 수 있다. 효율적인 대화를 위해서는 꼭 확인해야 할 사항이다. 예를 들어, 수업 설계를 보조하는 목적으로 챗GPT를 사용할 때는 공손한 수업 조교 역할을 해 달라고 미리 설정해 두면 된다.

컴퓨터 비전과 이미지 생성

컴퓨터 비전(vision)은 컴퓨터가 이미지를 인식하여 이해하는 것을 의미한다. 챗GPT가 2023년 하반기에 언어 모델에서 멀티모달 모델로 전환되며 이미지 인식 기능이 기본적으로 내장되게 되었다. 초반에는 한국어가 포함된 이미지의 인식률이 높지 않았으나, 2024년 5월 GPT-4o로 업그레이드될 때 한국어가 포함된 이미지의 인식 성능이 매우 향상되었다. 그래서 지금은 책을 핸드폰 카메라로 찍고 챗GPT에게 텍스트로 옮겨 달라고 하면 곧바로 한국어로 된 텍스트로 옮겨 적어 준다. 과거에 책 내용을 옮겨 적겠다며 직접 타이핑하던 시절을 떠올리면 참 세상 좋아졌다고 느낀다.

현재 챗GPT에는 이미지 생성 모델 '달리(DALL · E) 3'가 내장되어 있다. 달리는 스페인의 화가 '살바도르 달리(Salvador Dali)'와 디즈니 · 픽사 애니메이션 〈월 · E〉의 합성어다. 예술과 AI의 만남이라는 의미다. 과거에 달리 2(DALL · E 2)까지는 별도의 사이트에서 유료로 서비스했으나, 사용자의 편의를 위해 2023년 하반기에 챗GPT 유료 사용자를 위해 기능을 통합해 주었다.

이에 따라 챗GPT로 본인의 아바타 그림 같은 것도 매우 쉽게 그려 볼 수 있다. 자신의 증명사진을 넣고 아바타로 그려 달라고 요청해 보자. 그렇다면 챗GPT가 증명사진을 인식한 후, 이를 영어 프롬프트로 변환하여 달리에게 그려 달라고 건네줄 테니 말이다.

참고로 2025년 3월, 챗GPT의 이미지 생성 기능이 달리 모델을 이용했던 기존 방법에서 네이티브 이미지 생성 모델로 변경되어 매우 큰 성능 향상을 이뤄 냈다. 2025년 4월, 지브리 프로필 사진 유행이 여기서 발단된 것이다.

파일 업로드와 데이터 분석

파일 업로드 기능은 2023년 7월에 본격적으로 추가되었다. 이와 함께 가히 충격적이었던 '코드 인터프리터(code interpreter)'가 유료 기능으로 등장했다. 컴퓨터 프로그래밍 언어인 '파이썬(Python)'으로 코드를 짜 주는 기능이었다. 당시 대부분이 '난 프로그래머도 아닌데 내가 쓸 일이 있나?'라고 생각했다. 그런 오해 때문이었을까? 바로 다음 달에 '고급 데이터 분석(Advanced Data Analysis)'으로 명칭을 바꿨다. 일반 사용자들은 데이터 분석 목적으로 사용하라는 소리였다.

파이썬에는 2009년 개발된 'pandas' 라이브러리가 장착되어 있다. 이는 파이썬으로 통계 분석이 가능함을 의미한다. 그리고 챗GPT는 이 파이썬 언어를 중심으로 사용한다. 즉, 챗GPT로도 통계 분석이 가능하다는 것이다. 코드 인터프리터가 공개된 2023년 7월 이후, 전 세계 연구자들이 제일 사랑하는 기능 중 하나가 바로 이 데이터 분석 기능이다. 단, 연구 윤리적으로 보안이 필요한 데이터를 챗GPT에 업로드하는 행위는 권장되지 않으니 이 점을 꼭 명심하자.

커스텀 챗봇, GPTs

챗GPT가 유료 버전으로 처음 서비스되던 때는 2023년 3월이었다. 당시에 가장 강력한 유료 기능은 '플러그인(plug-ins)'이었다. 챗GPT가 일반적으로 하지 못하는 여러 부가 기능을 개발자들이 추가로 개발하여 애드온 식으로 달아 주는 것이었다. 당시 여행 사이트 예약, 논문 검색 등과 같은 플러그인이 인기가 많았다.

그 후 2023년 11월, 이 플러그인을 대체하여 유료 기능인 '커스텀 GPT'가 도입되었다. 유료 사용자들이 자신만의 특정 용도로 챗봇을 매우 쉽게 제작할 수 있도록 기능을 넣어 준 것이다. 초보여도 걱정 없이 매우 쉽게 제작할 수 있게 되었다. 챗봇을 공유할 수 있는 스토어는 2024년 1월 개장되었다. 무료 사용자의 경우 제작은 불가하지만 다른 사용자가 공개해 둔 것을 검색해서 사용할 수는 있으니 'GPT 탐색하기' 기능에서 원하는 것을 맘껏 찾아보자.

AI 비서가 현실로, 고급 보이스 모드

2014년 개봉한 영화 〈그녀(her)〉는 AI 비서의 양면성을 보여 준다. 나도 매우 재밌게 봤고, 학생들에게도 이 영화를 보고 감상문을 쓰는 과제를 자주 내어 주곤 한다. 영화가 발표되고 10년 후인 2024년에 영화 속 모습이 현실이 되었다. 2024년 9월, 챗GPT의 '고급 보이스 모드(Advanced Voice Mode)'가 유료 사용자에게 서비스되기 시작했다. 음성으로 챗GPT와 대화할 수 있는 기능이다.

사실 그 전부터 음성으로 대화는 가능했지만 지연 시간이 있었다. 그러나 고급 보이스 모드는 지연 시간이 거의 없다. 따라서 매우 자연스러운 상호 작용이 가능해진 것이다. 현재 모바일 버전에서는 영상 상호 작용도 가능하다. 핸드폰 카메라를 켜서 나의 얼굴을 보여 줄 수도 있고, 내 앞의 광경을 보여 줄 수도 있다. 나의 표정도 알아채 주고, 내 목소리의 미묘한 톤 변화를 알아채 감정 파악도 어느 정도 가능하다. 다양한 언어로도 대화할 수 있다.

논리적 추론, 이성 모델 o1

AI가 이제 사람처럼 사고한다. 기존의 GPT 모델은 말 그대로 '사전 학습된' 모델이었다. 새로운 종류의 모델인 o1은 '생각의 사슬(Chain of Thought)' 방식이다. 2024년 9월 선보였다. 논리적 사고력이 비약적으로 향상하였고, 코딩 문제, 추론 문제, 수학 문제 해결에 큰 향상을 보였다.

2024년 말 기준 벤치마크 결과에 의하면, 사전 학습된 모델들(GPT-4o, Claude 3.5 Sonnet, Gemini 1.5)은 대략 IQ 90~95의 성능이었다. 그러나 o1은 IQ 110 정도로 성능이 비약적으로 상승했다. 실제로 대학수학능력시험 언어 영역 풀이 테스트 결과, 기존의 GPT-4o는 언어 3등급 수준이고 o1은 언어 1등급 수준이라는 기사도 나왔다.

현재 우리는 GPT-4o 모델을 기본적으로 사용한다. 2025년 2월 27일, GPT-4.5가 마지막 사전 학습 모델로 출시되었다. 이 외에 이성 추론 전용 모델인 o1과 o3, 코딩에 특화된 o4-미니-하이(o4-mini-high) 모델 등이 서비스되고 있다. 2025년 여름에 나올 예정인 GPT-5는 이러한 모든 모델이 통합된 버전이라고 한다.

작업을 보다 효율적이게, 캔버스

챗GPT는 서비스적으로 매우 편리한 기능들이 많다. 캔버스(Canvas) 기능은 2024년 10월에 유료로 도입되었다. 현재는 무료로도 사용 가능하다. 주로 글쓰기나 코딩 작업을 요청할 때 작동하면 좋다. '미리 보기' 기능이라고 생각하면 이해가 쉽다.

글쓰기 작업의 대화를 시뮬레이션해 보자. 처음에 요청한 것에 대해 챗GPT의 답변이 대화창에 출력이 될 것이다. 이 중 첫 번째 문단을 다시 써 달라고 요청하면, 첫 번째 문단을 수정하여 다시 처음부터 끝까지 출력이 나올 것이다. 비효율적이다.

캔버스 기능은 이 점을 보완하기 위해 등장했다. 챗GPT의 답변이 대화창에 바로 나오는 것이 아니고, '캔버스'라는 미리 보기 창에 먼저 보인다. 이 창을 보면서 GPT와 대화하는 방식으로 수정이 진행된다. "저기서 첫 번째 문단만 좀 고쳐서 다시 써 볼래?"라고 요청하면 캔버스상에서 그 첫 문단만 따로 실시간 수정이 되는 식이다. 혹은 캔버스상의 해당 문단을 마우스로 블록 선택하여 요청 사항을 입력하면 된다. 작업의 효율성이 높아지는 것이다.

장기적, 정기적인 작업은 프로젝트로

2024년 하반기는 유료 사용자를 대상으로 추가적인 기능을 계속 업데이트해 주던 시기다. 그중 '프로젝트'는 장기적이고 정기적인 작업을 쉽게 관리할 수 있는 기능이다. 챗GPT에게 작업을 요청하면 그 대화 이력은 좌측 사이드바에 보관이 된다. 새로운 대화들이 누적될수록 기존에 사용하던 대화창은 아래로 밀려 찾아보기 어렵다. 이러한 불편함을 개선하기 위해 프로젝트 기능이 추가되었다.

프로젝트 기능은 별도로 '파일 업로드'와 '대화 지침'을 설정할 수 있는 장점이 있다. 그래서 특정한 목적으로 작업할 수 있는 편의성이 높다. 실제로 나는 가르치는 교과목의 문제 출제용 프로젝트를 만들어 두었다. 파일 업로드에는 수업 교안을 모두 올려 둔다. 그리고 지침에는 난이도 설정, 출처 표기, 해설 제시 등 상세한 지침을 설정해 두고 사용한다.

검색은 이제 AI로, SearchGPT

8장에서 퍼플렉시티와 같은 AI 기반 검색 도구를 소개했다. 챗GPT도 그 유사한 기능을 2024년 11월에 추가했다. 바로 검색 전용 모드(SearchGPT)다. '검색'이라는 아이콘을 클릭하여 활성화한 상태로 이용하면 된다. 이 모드를 활용하면 챗GPT가 인터넷 검색 결과를 요약해 주고 설명까지 해 준다. 이것은 기존 사전 학습 모델의 단점을 보완하는 방식이기도 하다. 기존 사전 학습 모델의 최대 단점은 환각 효과였다. 그러나 AI 기반 검색 방식은, AI가 사용자를 대신해 인터넷 검색 결과를 살펴보고 그 결과들을 '요약 및 정리'해 주기에 환각 효과의 위험성이 매우 낮다.

연구 보고서도 이제 AI로, 심층 리서치

AI 기반 검색이 고도화되자 이제 이 기능이 학술적인 글쓰기 분야에까지 확대되었다. 2024년 12월, 챗GPT의 요금제를 세분화하여 월 200달러의 프로(Pro) 요금제가 출시되었다. 그리고 '심층 리서치'라는 기능이 추가되었다. 사용자의 요청에 맞추어 연구 보고서를 작성해 줄 수 있는 매우 강력한 기능이었다.

2025년 2월 중국발로 강력한 AI인 '딥시크(DeepSeek)'가 등장하고, 최신 모델들에 '심층 리서치'와 유사한 기능들이 탑재되기 시작했다. 심지어 퍼플렉시티에도 유사 기능이 추가되었다. 그러자 오픈AI도 프로 요금제에만 제공해 주던 '심층 리서치' 기능을 플러스(Plus) 요금제에도 월 10회 한도로 제공하기 시작했다.

2025년 2월의 마지막 날, 이 심층 리서치 기능이 소셜미디어를 통해 빠르게 퍼지는 것을 목격 중이다. 당장 다음 주가 2025년 1학기 개강이다. 교육 현장에 어떤 혼돈이 드리울지 두렵다. 학생들에게 연구 보고서 따위는 이제 '심층 리서치' 기능으로 딸깍하면 되는 과제일 것이다.

챗GPT는 저자가 아니다

챗GPT와 공동 저자로 쓴 책들은 서점에서 쉽게 볼 수 있다. 그런데 만약 챗GPT로 학술적 논문을 쓴다면 어떨까? 그것은 표절에 해당한다.

"챗GPT는 재밌는 녀석이다. 그러나 저자는 될 수 없다(ChatGPT is fun, but not an author)"는 ≪사이언스(Science)≫ 학술지의 편집장인 조지워싱턴대학교(The George Washington University)의 소프(Thorp) 교수가 2023년 1월에 올린 기고문(Thorp, 2023)의 제목이다. 2022년 11월 말에 챗GPT가 출시되고, 2개월 사이에 세상이 크게 변했다. 학술계에서도 논문 표절 등의 사례가 엄청났다. 해당 기고문에서 편집장은 학술적 글쓰기의 본질에 대해 강조했다. 학술적 글쓰기는 저자 생각과 사유의 '고유성(originality)'이 핵심인데, 생성형 AI가 생성한 텍스트는 그 고유성이 없으므로 저자 본인의 생각이 아니라는 것이다. 즉, 챗GPT로 만들어 낸 텍스트를 논문에 적는 것은 표절이라는 의미다.

2023년 1월에 발표된 ≪사이언스≫ 편집장의 이 기고문은 학계의 표절 문제에 대해 선전 포고를 한 셈이었다. 이후로 전 세계 학술 출판사들은 투고 지침 등에 관련 조항을 업데이트했다. 대표적으로 네덜란드의 학술 출판사 엘스비어(Elsevier)의 AI 활용 지침을 예로 들 수 있다. 엘스비어에서는 생성형 AI 활용에 대해, 1) AI를 보조적(가독성 개선, 번역 등)으로만 활용할 것, 2) 인간이 반드시 결과를 검토할 것, 3) AI에게 도움받은 사항을 솔직하게 모두 명시할 것, 4) AI를 절대로 저자로 기재하지 말 것이라고 규정하고 있다.

월코비치 교수의 억울함

약 1년 뒤인 2024년 2월에는 ≪네이처(Nature)≫에 기고문이 올라왔다(Wolkovich, 2024). 브리티시컬럼비아 대학교(University of British Columbia) 교수인 월코비치(Wolkovich)가 자신의 억울함을 호소한 내용이었다. 내용인즉슨, 심사 위원이 '챗GPT로 쓴 것으로 의심된다'는 이유로 투고 논문에 '게재 불가' 판정을 내렸다는 것이다. 월코비치 교수는 챗GPT를 쓴 적도 없는데 억울하게 누명을 썼다고 주장했다.

이 사태는 학계에 많은 시사점을 던졌다. 먼저, 무죄 추정의 원칙이 무너졌다. 사법 체계에서 무죄 추정의 원칙을 지키는 이유는 '심각한 오판의 확률'을 최소화하기 위함이다. 심각한 오판이란 보통 1종(alpha) 오류라고도 한다. 쉽게 말해 "실제 살인자에게 무죄를 선고할 실수를 할지언정, 실제 무고한 사람에게 사형 선고 내리는 실수는 절대 안 된다"는 것이다. 여기서 실제 무고한 사람에게 사형 선고를 내리는 오류를 1종 오류라고 하고, 이는 절대 5%를 넘어선 안 된다고 본다. 통계학에서 유의확률 기준을 5% 미만으로 잡는 데서 기인한 값이다. 그렇기에 법정에서는 검사가 기소할 때 '확실한 유죄 증거'를 가져와야만 한다.

이를 다시 월코비치 교수의 사례에 빗대어 보자. 심사위원은 아마 일종의 표절 검사기 결과를 보고 표절이라고 판단 내렸을 것이다. 현재 생성형 AI로 쓴 글을 탐지해 낼 수 있는 기술이 존재한다. 그러나 그 기술의 신뢰도는 100%가 절대 아니다. 월코비치 교수가 억울함을 호소했을 때, 심사 위원은 왜 저자의 말을 믿지 않고 탐지기의 말을 믿었을까?

억울한 학생이 나올 수도 있다

월코비치 교수 사례를 학교 현장에 전이해 보자. 교사인 여러분은 많은 학생의 글을 평가하게 된다. 그리고 표절을 사전에 금지한다고 공지했고, 표절이 의심되는 학생들의 결과물에 F를 부여해야 하는 상황이라고 가정해 보자. 학생들의 결과물을 카피킬러와 같은 표절 검사기의 'GPT 킬러' 옵션을 이용해 탐지까지 했다. 어느 한 과제물의 GPT 표절 확률이 30% 정도로 나왔다. 여러분은 어떤 판단을 내리겠는가?

실제로 필자도 대학생들의 과제물을 매 학기 100편 정도 읽어 보고 평가한다. 그리고 모두 카피킬러의 GPT 킬러 기능으로 점검까지 한다. 저자의 경험으로는 GPT 킬러의 성능을 100% 신뢰하기 어렵다. '또 하나의 억울한 월코비치 교수 사례'를 만들어서는 안 된다는 생각을 한다. 따라서 GPT 킬러의 결과는 참고만 하는 수준이며, '평가자인 나의 직관'을 바탕으로 평가하려고 한다. 참으로 어려운 세상이다.

AI 조수의 시대

챗GPT가 출시된 지 만 2년이 지났다. 이제 학계에서도 AI를 '조수'로 인정하고 공식적으로 활용하여 논문을 쓰려는 움직임이 나타난다. 2025년 2월에 '챗GPT를 사용하여 연구 보조를 받은 논문'임을 학계에 당당히 밝힌 사례(Gans, 2025)가 나왔다. 토론토대학교(University of Toronto)의 갠스(Gans) 교수는 해당 논문의 마지막 코멘트에 다음과 같이 밝히고 있다.

"유익한 연구 보조원 역할을 해 준 챗GPT-o1-pro 모델에게 감사하다. 모든 오류에 대한 책임은 전적으로 나에게 있다.(Thanks to ChatGPT-o1-pro for helpful research assistance. Responsibility for all errors remains my own.)”

이는 앞서 설명했던 학술 출판사의 AI 활용 윤리 지침에 따른 것이다. AI에게 도움을 받았다는 사실을 솔직하게 밝혀야 하기 때문이다. 챗GPT가 학계로부터 ‘연구 보조 역할’로서의 공신력을 인정받은 첫 사례가 아닐까 생각하게 한다.

참고문헌

김주완(2024.12.15). 챗GPT, 무서운 성장… 수능 국어 ‘만점’. 한경Geeks, https://www.hankyung.com/article/2024121580351

엘스비어 AI 활용 지침. https://www.elsevier.com/about/policies-and-standards/generative-ai-policies-for-journals

Gans, J. S.(2025). The efficient market hypothesis when time travel is possible. *Economics Letters*, 248, 112209.

Thorp, H. H.(2023). ChatGPT is fun, but not an author. *Science*, 379(6630), p.313, https://www.science.org/doi/full/10.1126/science.adg7879

Wolkovich, E. M.(2024). ‘Obviously ChatGPT’ – how reviewers accused me of scientific fraud. *Nature*, https://www.nature.com/articles/d41586-024-00349-5

임태형

전주교육대학교 초등교육과 교육공학 전공 조교수다. 전남대학교 류지헌 교수 연구실(CiLT)에서 교육공학 석사 학위를, 미국 플로리다주립대학교(Florida State University)에서 교육공학 박사 학위를 받았다. 졸업 후 전남대학교 교육문제연구소 학술연구교수를 거쳐 전주교육대학교 초등교육과 교육공학 전공 조교수로 재직 중이다. 한국교육공학회 이사, 한국교육정보미디어학회 이사, 한국교육학회 교육정보화위원으로 활동하고 있다. 2023년 한국교육정보미디어학회 차세대연구자상을 수상했다. 주 연구 분야는 AI 융합 교육, AI 휴먼 아바타 설계, 가상 현실과 메타버스 기반 학습 환경 설계다. 대표 논문으로는 "메타버스를 활용한 고등학생 진로 체험 프로그램 사용자 경험 분석"(2021), "대학 학습자들의 메타버스 기반 수업 이용 의도에 대한 요인 예측: 하이브리드 SEM-ANN 접근법"(2023), "ChatGPT를 활용한 텍스트 데이터에서 키워드 추출"(2023)이 있다. 대표 저서로는 『교사를 위한 챗GPT 활용 핸드북』(2023)이 있다. AI의 교육적 활용 주제로 대학 교수법 특강, 실습 워크숍, 교사 연수 등 200회 이상 전국으로 출강 중이다. 2023~2024년 교육부 호남권 아이에답(AIEDAP) 사업지원단 공동 연구원으로서 다양한 교사 연수 사업에 참여했다. 2025년 현재는 호남권 아이에답 사업단의 기획단 위원으로 활동하고 있다. 교사가 AI를 올바르게 교육에 활용하는 방안에 대해 매일 고민하며 생각을 나누고 있다.